DISCLAIMER

The author and publisher are providing this book and its contents on an "as is" basis and make no representations or warranties of any kind with respect to this book or its contents. The author and publisher disclaim all such representations and warranties, including but not limited to warranties of merchantability. In addition, the author and publisher do not represent or warrant that the information accessible via this book is accurate, complete, or current.

Except as specifically stated in this book, neither the author nor publisher, nor any authors, contributors, or other representatives will be liable for damages arising out of or in connection with the use of this book. This is a comprehensive limitation of liability that applies to all damages of any kind, including (without limitation) compensatory; direct, indirect, or consequential damages; loss of data, income, or profit; loss of or damage to property; and claims of third parties.

BESTACTIVITYBOOKS.COM

FIRST EDITION - Published 2022

Extra Graphic Material From: www.freepik.com
Thanks to: Alekksall, Starline, Pch.vector, Rawpixel.com, Vectorpocket, Dgim-studio, Upklyak, Macrovector, Stockgiu, Pikisuperstar & Freepik.com Designers

GET
YOUR
BONUS
FREE
CODE: WSBONUS20

5 TIPS TO START!

1) HOW TO SOLVE

The Puzzles are in a Classic Format:

- Words are hidden without breaks (no spaces, dashes, ...)
- Orientation: Forward & Backward, Up & Down or in Diagonal (can be in both directions)
- Words can overlap or cross each other

2) ACTIVE LEARNING

To encourage learning actively, a space is provided next to each word to write down the translation. The **DICTIONARY** allows you to verify and expand your knowledge. You can look up and write down each translation, find the words in the Puzzle then add them to your vocabulary!

3) TAG YOUR WORDS

Have you tried using a tag system? For example, you could mark the words which have been difficult to find with a cross, the ones you loved with a star, new words with a triangle, rare words with a diamond and so on...

4) ORGANIZE YOUR LEARNING

We also offer a convenient **NOTEBOOK** at the end of this edition. Whether on vacation, travelling or at home, you can easily organize your new knowledge without needing a second notebook!

5) FINISHED?

Go to the bonus section: **MONSTER CHALLENGE** to find a free game offered at the end of this edition!

Want more fun and learning activities? It's **Fast and Simple!**
An entire Game Book Collection just **one click away!**

Find your next challenge at:

BestActivityBooks.com/MyNextWordSearch

Ready, Set... Go!

Did you know there are around 7,000 different languages in the world? Words are precious.

We love languages and have been working hard to make the highest quality books for you. Our ingredients?

A selection of indispensable learning themes, three big slices of fun, then we add a spoonful of difficult words and a pinch of rare ones. We serve them up with care and a maximum of delight so you can solve the best word games and have fun learning!

Your feedback is essential. You can be an active participant in the success of this book by leaving us a review. Tell us what you liked most in this edition!

Here is a short link which will take you to your order page.

BestBooksActivity.com/Review50

Thanks for your help and enjoy the Game!

Linguas Classics Team

1 - Antiques

S	A	R	V	D	Ç	Z	O	B	S	E	A	E	P	A
D	E	C	O	R	A	T	I	V	O	L	Y	S	Y	O
I	L	S	N	O	O	M	R	G	C	E	Q	T	F	C
R	N	R	A	L	F	U	Á	A	I	G	U	I	H	X
E	E	V	A	A	Ç	M	I	L	T	A	A	L	F	Ç
S	S	X	E	V	U	O	L	E	N	N	L	O	V	N
T	C	D	T	S	X	C	I	R	Ê	T	I	L	E	C
A	U	J	R	A	T	N	B	I	T	E	D	U	L	X
U	L	I	A	D	L	I	O	A	U	K	A	C	H	R
R	T	J	O	A	E	I	M	F	A	K	D	É	O	Y
A	U	J	W	C	I	A	X	E	Y	U	E	S	A	R
Ç	R	I	A	É	L	Z	L	N	N	P	R	E	Ç	O
Ã	A	Ç	D	D	Ã	I	A	C	J	T	Z	X	E	D
O	Q	F	C	R	O	T	E	L	O	C	O	L	N	Z
T	K	M	O	E	D	A	S	Y	U	B	L	G	U	U

ARTE
LEILÃO
AUTÊNTICO
SÉCULO
MOEDAS
COLETOR
DÉCADAS
DECORATIVO
ELEGANTE
MOBILIÁRIO
GALERIA
INVESTIMENTO
VELHO
PREÇO
QUALIDADE
RESTAURAÇÃO
ESCULTURA
ESTILO
INCOMUM
VALOR

2 - Food #1

N	B	P	G	T	O	S	A	C	V	X	M	H	Q	A
X	T	W	R	T	N	L	C	S	O	V	A	S	R	Ç
K	N	L	E	I	T	E	E	Y	V	F	N	U	S	Ú
S	G	A	P	O	S	Z	B	X	G	Q	J	C	A	C
M	M	S	O	A	R	H	O	H	L	A	E	O	L	A
Z	U	B	C	D	M	O	L	Q	I	E	R	V	A	R
W	U	T	S	A	R	E	A	R	M	R	I	T	D	S
P	E	R	A	V	B	U	N	A	Ã	F	C	P	A	C
C	W	Y	M	E	U	W	M	D	O	A	Ã	Z	U	O
O	E	C	A	C	Z	S	O	I	O	N	O	B	M	K
F	L	N	D	X	N	Ç	R	T	H	I	N	A	B	O
C	E	Z	O	Ç	K	K	A	G	K	P	M	B	J	O
J	Z	Q	J	U	S	Y	N	Y	L	S	Y	H	L	N
G	G	V	I	F	R	N	G	K	Z	E	X	D	C	U
Ç	E	D	F	L	F	A	O	C	A	N	E	L	A	P

DAMASCO
CEVADA
MANJERICÃO
CENOURA
CANELA
ALHO
SUCO
LIMÃO
LEITE
CEBOLA
AMENDOIM
PERA
SALADA
SAL
SOPA
ESPINAFRE
MORANGO
AÇÚCAR
ATUM
NABO

3 - Measurements

J	Y	V	Q	B	P	B	F	A	L	Y	H	L	W	Q
H	E	W	P	X	O	R	T	E	M	Ô	L	I	U	Q
U	B	W	Z	I	L	J	M	P	E	S	O	P	C	C
G	R	A	M	A	E	A	L	I	I	D	W	R	O	E
Q	S	Ç	T	M	G	L	M	I	W	S	A	O	M	N
D	I	N	O	A	A	T	A	I	T	J	G	F	P	T
F	M	O	N	R	D	U	K	F	C	R	Z	U	R	Í
U	Q	R	E	G	A	R	H	W	K	E	O	N	I	M
H	R	T	L	O	I	A	L	Y	Z	M	D	D	M	E
M	M	E	A	L	A	P	J	U	Z	U	Q	I	E	T
S	A	M	D	I	I	V	J	N	B	L	L	D	N	R
V	W	S	A	U	A	R	G	F	E	O	Y	A	T	O
S	K	K	S	Q	B	Y	T	E	O	V	B	D	O	R
R	D	E	M	A	M	I	N	U	T	O	R	E	R	R
L	A	R	G	U	R	A	J	N	Q	T	Z	A	Q	I

BYTE
CENTÍMETRO
DECIMAL
GRAU
PROFUNDIDADE
GRAMA
ALTURA
POLEGADA
QUILOGRAMA
QUILÔMETRO
COMPRIMENTO
LITRO
MASSA
METRO
MINUTO
ONÇA
TONELADA
VOLUME
PESO
LARGURA

4 - Farm #2

C	J	L	H	C	L	E	I	T	E	A	M	A	H	L
U	O	A	H	L	E	V	O	C	J	G	P	N	Q	I
Q	T	R	L	A	H	V	Z	T	R	R	A	V	M	R
Ç	A	A	D	T	I	V	A	Y	E	I	S	Z	I	R
B	P	M	U	E	W	I	V	D	F	C	T	G	L	I
H	M	O	G	G	I	R	Q	T	A	U	O	M	H	G
O	A	P	P	E	I	R	R	R	T	L	R	A	O	A
N	E	H	F	V	M	D	O	A	R	T	I	D	S	Ç
C	E	L	E	I	R	O	T	T	I	O	Ç	U	Ç	Ã
A	N	I	M	A	I	S	Q	O	G	R	P	R	A	O
C	O	L	M	E	I	A	Ç	R	O	T	P	O	F	F
U	H	V	X	F	E	G	Q	E	F	R	U	T	A	B
Z	R	X	O	Z	F	F	J	K	S	S	B	J	T	C
V	X	P	R	A	D	O	K	G	W	X	T	M	J	N
X	C	R	Q	S	H	P	Q	Z	O	I	Z	L	H	C

ANIMAIS
CEVADA
CELEIRO
COLMEIA
MILHO
PATO
AGRICULTOR
FRUTA
IRRIGAÇÃO
CORDEIRO
LHAMA
PRADO
LEITE
POMAR
MADURO
OVELHA
PASTOR
TRATOR
VEGETAL
TRIGO

5 - Books

C	T	P	J	Ç	Y	Y	H	L	R	A	L	P	D	C
O	H	R	O	G	K	L	S	I	E	V	E	Á	W	O
L	I	H	Á	E	X	C	A	T	L	E	I	G	N	N
E	S	H	O	G	S	Q	W	E	E	N	T	I	Ç	T
Ç	T	Y	S	P	I	I	N	R	V	T	O	N	I	E
Ã	Ó	B	M	W	U	C	A	Á	A	U	R	A	N	X
O	R	E	C	N	A	M	O	R	N	R	K	A	V	T
F	I	O	K	H	I	L	Z	I	T	A	O	U	E	O
U	A	D	B	W	X	L	O	O	E	F	D	T	N	E
D	U	A	L	I	D	A	D	E	N	I	N	O	T	S
N	A	R	R	A	D	O	R	V	K	O	S	R	I	C
L	M	O	H	I	S	T	Ó	R	I	C	O	J	V	R
X	E	M	G	K	H	É	P	I	C	O	G	X	O	I
W	O	U	Z	E	Ç	F	K	Y	Z	X	N	Y	W	T
J	P	H	Y	I	T	J	X	V	A	F	K	X	F	O

AVENTURA
AUTOR
COLEÇÃO
CONTEXTO
DUALIDADE
ÉPICO
HISTÓRICO
HUMORADO
INVENTIVO
LITERÁRIO
NARRADOR
ROMANCE
PÁGINA
POEMA
POESIA
LEITOR
RELEVANTE
HISTÓRIA
TRÁGICO
ESCRITO

6 - Meditation

S	E	Õ	Ç	O	M	E	T	N	E	M	V	Z	C	R
O	M	L	A	C	A	P	R	E	N	D	E	R	O	E
T	A	U	Y	F	E	A	M	E	N	T	A	L	M	S
N	D	Z	K	K	O	P	S	D	P	L	N	Q	P	P
E	N	J	A	W	C	A	N	I	E	S	I	A	A	I
M	O	E	N	D	H	Z	Q	A	L	L	N	V	I	R
A	C	O	R	D	A	D	O	O	T	Ê	C	I	X	A
S	O	T	I	B	Á	H	T	S	Ç	U	N	T	Ã	N
N	Ã	N	B	A	O	O	W	Z	V	V	R	C	O	D
E	D	E	Y	Q	G	N	V	V	W	D	K	E	I	O
P	I	M	L	C	R	X	D	E	W	O	A	P	Z	O
H	T	I	Y	A	Z	E	R	A	L	C	T	S	I	A
Ç	A	V	M	Ú	S	I	C	A	D	A	X	R	T	R
B	R	O	O	S	S	G	Y	J	T	E	R	E	V	Ç
J	G	M	A	C	E	I	T	A	Ç	Ã	O	P	C	T

ACEITAÇÃO
ACORDADO
RESPIRANDO
CALMO
CLAREZA
COMPAIXÃO
EMOÇÕES
GRATIDÃO
HÁBITOS
BONDADE
MENTAL
MENTE
MOVIMENTO
MÚSICA
NATUREZA
PAZ
PERSPECTIVA
SILÊNCIO
PENSAMENTOS
APRENDER

7 - Days and Months

X	A	D	U	O	R	B	M	E	V	O	N	A	S	S
S	R	O	L	R	H	C	Y	F	T	U	A	C	E	E
P	I	M	X	I	F	L	L	A	E	T	N	A	T	G
Q	E	I	X	E	P	V	U	X	Y	U	A	L	E	U
A	F	N	E	R	N	P	A	J	K	B	M	E	M	N
W	A	G	J	E	Q	A	U	B	K	R	E	N	B	D
F	T	O	S	V	C	R	W	R	O	O	S	D	R	A
I	N	Q	H	E	W	L	P	O	L	W	Á	Á	O	F
Q	I	W	M	F	B	S	L	F	Ç	H	B	R	C	E
Q	U	A	R	T	A	F	E	I	R	A	A	I	R	I
T	Q	P	T	D	A	N	O	E	R	M	D	O	I	R
K	E	S	M	Z	G	O	R	U	R	B	O	Q	D	A
J	A	R	I	E	F	A	T	X	E	S	A	L	B	S
U	J	L	Ç	J	A	N	E	I	R	O	Z	Y	V	Ê
L	Y	O	Y	A	A	G	O	S	T	O	Ç	R	A	M

ABRIL
AGOSTO
CALENDÁRIO
FEVEREIRO
SEXTA-FEIRA
JANEIRO
JULHO
MARÇO
SEGUNDA-FEIRA
MÊS
NOVEMBRO
OUTUBRO
SÁBADO
SETEMBRO
DOMINGO
QUINTA-FEIRA
TERÇA
QUARTA-FEIRA
SEMANA
ANO

8 - Energy

G	W	Z	G	C	I	Z	U	H	H	Q	P	J	T	M
D	M	D	A	A	Ç	K	N	N	N	J	O	F	U	C
N	O	Q	S	R	Q	H	V	W	S	L	Ç	Ó	R	O
A	S	M	O	B	S	Z	X	I	E	J	V	T	B	M
Ç	L	O	L	O	X	Y	M	O	Z	L	W	O	I	B
Y	B	T	I	N	Q	A	B	C	X	K	C	N	N	U
S	A	O	N	O	O	Ã	Ç	I	U	L	O	P	A	S
N	T	R	A	P	E	X	I	R	Ç	F	P	Q	I	T
U	E	I	C	H	E	L	É	T	R	O	N	F	P	Í
C	R	Ç	Z	Q	C	V	X	É	C	I	W	S	O	V
L	I	R	G	D	D	A	C	L	K	H	L	H	R	E
E	A	V	A	P	O	R	L	E	S	E	I	D	T	L
A	E	J	O	I	N	Ê	G	O	R	D	I	H	N	M
R	A	M	B	I	E	N	T	E	R	V	Ç	Q	E	R
R	E	N	O	V	Á	V	E	L	V	E	N	T	O	Ç

BATERIA
CARBONO
DIESEL
ELÉTRICO
ELÉTRON
ENTROPIA
AMBIENTE
COMBUSTÍVEL
GASOLINA
CALOR

HIDROGÊNIO
MOTOR
NUCLEAR
FÓTON
POLUIÇÃO
RENOVÁVEL
VAPOR
TURBINA
VENTO

9 - Archeology

R	S	Y	E	Z	F	A	S	O	S	S	O	N	R	A
O	E	Z	F	Y	Z	O	O	L	Y	C	O	C	M	V
B	A	L	D	A	W	U	T	P	O	F	G	D	Ç	A
J	N	I	Í	J	T	I	N	M	J	H	J	Y	T	L
E	Á	S	D	Q	U	V	E	E	I	B	P	M	V	I
T	L	S	V	X	U	V	M	T	Ú	M	U	L	O	A
O	I	Ó	T	Y	T	I	G	X	T	N	A	M	D	Ç
S	S	F	M	R	B	J	A	R	T	G	Ç	I	I	Ã
X	E	O	G	E	N	I	R	R	W	T	Z	S	C	O
I	D	P	Z	H	J	C	F	Y	L	I	S	T	E	S
C	I	V	I	L	I	Z	A	Ç	Ã	O	C	É	U	T
I	N	V	E	S	T	I	G	A	D	O	R	R	Q	E
G	P	S	C	E	Q	U	I	P	E	J	M	I	S	T
C	E	R	Â	M	I	C	A	Ç	E	R	A	O	E	N
E	S	P	E	C	I	A	L	I	S	T	A	S	Q	Ç

ANÁLISE
OSSOS
CIVILIZAÇÃO
ERA
AVALIAÇÃO
ESPECIALISTA
ESQUECIDO
FÓSSIL
FRAGMENTOS
MISTÉRIO
OBJETOS
CERÂMICA
RELÍQUIA
INVESTIGADOR
EQUIPE
TEMPLO
TÚMULO

10 - Food #2

T	A	C	E	R	E	J	A	V	U	I	D	Z	B	I
V	O	I	W	I	K	J	N	L	E	N	Y	T	E	O
L	G	M	P	F	Ã	Ç	A	M	E	N	A	S	R	G
B	I	J	A	O	N	Z	N	W	U	U	E	H	I	U
X	R	J	A	T	T	N	A	E	X	U	M	N	N	R
H	T	C	R	E	E	Z	B	T	Q	D	L	C	G	T
O	V	O	R	C	W	Q	U	E	I	J	O	H	E	E
A	R	F	O	H	C	A	C	L	A	Y	J	O	L	O
H	O	K	Z	P	R	E	S	U	N	T	O	C	A	H
C	O	G	U	M	E	L	O	G	V	C	G	O	O	N
P	B	R	Ó	C	O	L	I	S	L	Ç	N	L	Ç	X
W	E	V	Y	X	M	U	L	Q	Z	X	A	A	P	D
S	Ç	I	S	R	Ç	B	E	T	O	W	R	T	Z	R
J	E	G	X	T	Y	M	X	U	D	C	F	E	K	T
L	L	G	M	E	I	S	K	G	G	L	T	H	Z	K

MAÇÃ
ALCACHOFRA
BANANA
BRÓCOLIS
AIPO
QUEIJO
CEREJA
FRANGO
CHOCOLATE
OVO
BERINGELA
PEIXE
UVA
PRESUNTO
KIWI
COGUMELO
ARROZ
TOMATE
TRIGO
IOGURTE

11 - Chemistry

O	P	G	Á	S	N	U	C	L	E	A	R	I	E	O
A	R	U	T	A	R	E	P	M	E	T	Z	Q	L	P
C	M	G	M	O	L	É	C	U	L	A	N	P	É	O
I	B	X	Â	O	X	I	G	É	N	I	O	E	T	N
C	C	C	S	N	Q	N	H	V	J	R	S	S	R	O
H	A	O	Q	F	I	E	C	J	F	F	B	O	O	B
S	I	L	N	Y	H	C	A	O	I	E	C	Y	N	R
A	E	D	O	Ç	Z	O	O	N	I	L	A	C	L	A
L	A	E	R	R	O	D	A	S	I	L	A	T	A	C
W	T	N	J	O	F	D	Í	N	C	Á	C	I	D	O
N	Ó	Z	Z	R	G	G	O	D	I	U	Q	Í	L	H
X	M	I	U	Ç	W	Ê	N	H	I	Z	S	J	C	L
X	I	M	J	C	V	X	N	D	O	D	O	K	Q	Y
K	C	A	D	L	T	E	Ç	I	O	D	K	O	A	E
Z	O	C	L	O	R	O	J	M	O	G	W	Ç	Y	I

ÁCIDO
ALCALINO
ATÓMICO
CARBONO
CATALISADOR
CLORO
ELÉTRON
ENZIMA
GÁS
CALOR
HIDROGÊNIO
ÍON
LÍQUIDO
MOLÉCULA
NUCLEAR
ORGÂNICO
OXIGÉNIO
SAL
TEMPERATURA
PESO

12 - Music

C	K	H	G	R	A	V	A	Ç	Ã	O	R	H	C	Q
Y	Ç	D	A	I	N	O	M	R	A	H	I	W	A	U
N	F	Z	R	R	A	L	H	B	W	U	T	C	N	L
A	U	B	E	K	M	U	B	L	Á	R	M	B	T	V
P	N	H	P	T	Y	Ô	E	E	Ç	F	O	P	A	E
M	D	L	Ó	F	G	Ç	N	D	L	X	W	J	R	I
M	Ú	A	P	V	D	F	O	I	B	A	L	A	D	A
J	E	S	N	Ç	I	U	F	O	C	I	M	T	Í	R
R	V	L	I	O	B	S	O	I	P	O	R	O	C	F
C	L	A	O	C	Ç	Z	R	P	O	É	T	I	C	O
A	N	C	G	D	O	O	C	I	T	É	L	C	E	C
N	U	O	C	L	I	B	I	Ç	J	N	D	S	M	I
T	A	V	P	T	S	A	M	Q	C	H	D	M	E	R
O	C	L	Á	S	S	I	C	O	Ç	F	P	O	X	Í
R	Y	I	D	A	L	T	M	U	S	I	C	A	L	L

ÁLBUM
BALADA
CORO
CLÁSSICO
ECLÉTICO
HARMÔNICO
HARMONIA
LÍRICO
MELODIA
MICROFONE
MUSICAL
MÚSICO
ÓPERA
POÉTICO
GRAVAÇÃO
RITMO
RÍTMICO
CANTAR
CANTOR
VOCAL

13 - Family

O	T	Ç	W	Q	A	T	H	F	I	P	R	I	M	O
I	R	M	Ã	G	S	O	J	E	Q	A	B	D	V	A
G	G	Z	T	G	O	H	W	H	I	R	M	Ã	O	N
H	Z	B	S	C	P	M	D	X	N	A	P	T	H	T
H	P	N	Q	G	S	A	U	M	I	K	P	U	N	E
C	K	G	Q	D	E	L	T	Y	H	P	L	C	I	P
C	R	I	A	N	Ç	A	S	E	B	Y	E	R	R	A
M	A	R	I	D	O	R	K	Ã	R	O	W	I	B	S
J	N	V	T	O	I	O	Ç	M	U	N	X	A	O	S
S	X	M	U	T	T	N	P	J	Y	R	O	N	S	A
F	W	O	F	C	Z	I	X	E	V	E	T	Ç	T	D
B	I	I	N	F	Â	N	C	I	A	T	E	A	E	O
H	V	L	W	Ô	W	Z	D	W	Y	A	N	J	P	U
E	X	P	H	V	O	E	M	G	Y	M	V	M	A	M
A	E	Z	Q	A	H	N	I	R	B	O	S	M	P	D

ANTEPASSADO
TIA
IRMÃO
CRIANÇA
INFÂNCIA
CRIANÇAS
PRIMO
FILHA
PAI
AVÔ
NETO
MARIDO
MATERNO
MÃE
SOBRINHO
SOBRINHA
PATERNO
IRMÃ
TIO
ESPOSA

14 - Farm #1

F	C	A	U	G	Á	T	W	M	G	B	C	W	E	V
E	F	R	A	N	G	O	V	R	O	C	I	M	E	L
R	B	U	C	E	S	E	T	N	E	M	E	S	Q	Y
T	U	T	R	Ç	K	B	X	A	R	B	A	C	Ã	N
I	R	L	E	A	R	R	O	Z	G	Z	C	I	K	O
L	R	U	C	A	B	E	L	H	A	N	A	B	I	P
I	O	C	C	Ã	O	F	Q	Q	M	W	V	E	J	M
Z	L	I	B	I	W	N	Z	W	S	M	Ç	Z	B	A
A	T	R	D	T	A	R	E	Y	B	D	Q	E	U	C
N	V	G	F	Q	S	S	W	F	V	V	M	R	T	O
T	N	A	P	P	U	P	V	K	M	J	R	R	S	P
E	Ç	G	W	W	N	H	F	A	U	R	E	O	L	U
K	J	O	F	X	O	Y	R	L	U	B	U	P	V	Q
W	Q	M	M	J	R	O	W	G	C	A	V	A	L	O
A	F	L	S	A	H	K	V	Q	A	N	S	J	S	F

AGRICULTURA
ABELHA
BISÃO
BEZERRO
GATO
FRANGO
VACA
CORVO
CÃO
BURRO
CERCA
FERTILIZANTE
CAMPO
CABRA
FENO
MEL
CAVALO
ARROZ
SEMENTES
ÁGUA

15 - Camping

C	A	N	O	A	V	J	L	M	V	L	U	H	I	E
D	M	U	T	Ç	X	L	A	Á	A	L	K	A	G	I
Z	T	P	E	A	M	Y	G	R	T	P	X	A	Q	S
L	A	J	S	L	Z	L	O	V	S	J	A	J	O	U
M	K	B	N	D	L	Ç	U	O	E	N	I	B	A	C
Q	A	Ç	I	F	O	G	O	R	R	C	Ç	Y	W	N
F	E	C	C	A	Z	B	X	E	O	H	J	B	Ç	A
K	G	C	A	D	N	E	T	S	L	A	Z	U	C	T
C	O	R	D	A	V	I	T	V	F	P	A	Q	O	U
B	Ú	S	S	O	L	A	M	G	W	É	L	U	A	R
M	O	N	T	A	N	H	A	A	V	U	C	B	Q	E
B	S	J	I	M	S	Q	G	Z	I	X	A	N	F	Z
A	V	E	N	T	U	R	A	B	H	S	Ç	A	U	A
E	Q	U	I	P	A	M	E	N	T	O	A	W	X	P
G	L	F	C	J	B	O	L	V	S	D	P	I	Q	K

AVENTURA
ANIMAIS
CABINE
CANOA
BÚSSOLA
EQUIPAMENTO
FOGO
FLORESTA
MACA
CHAPÉU
CAÇA
INSETO
LAGO
MAPA
LUA
MONTANHA
NATUREZA
CORDA
TENDA
ÁRVORES

16 - Algebra

S	C	N	O	T	E	O	Ç	P	N	Ú	M	E	R	O
E	O	Ã	Ç	A	R	F	Y	R	A	E	N	I	L	R
Q	T	L	G	H	I	Y	T	O	Ã	S	I	V	I	D
U	I	F	U	M	R	O	T	B	Y	J	Q	P	I	I
A	N	E	A	Ç	W	X	S	L	F	A	L	S	O	Y
Ç	I	M	X	T	Ã	E	S	E	T	N	Ê	R	A	P
Ã	F	A	S	P	O	O	U	M	Y	Y	I	F	L	V
O	N	T	N	B	O	R	N	A	Ç	H	S	K	M	A
P	I	R	N	F	Ã	E	F	Ó	R	M	U	L	A	R
M	E	I	Ç	Y	Ç	Ç	N	U	B	E	G	W	M	I
M	D	Z	R	Q	I	S	L	T	Z	H	Z	Y	C	Á
Z	E	R	O	J	D	W	G	A	E	S	N	A	W	V
T	X	O	Ã	Ç	A	R	T	B	U	S	F	V	Ç	E
S	I	M	P	L	I	F	I	C	A	R	P	Ç	S	L
D	I	A	G	R	A	M	A	C	C	D	Q	D	J	I

ADIÇÃO
DIAGRAMA
DIVISÃO
EQUAÇÃO
EXPOENTE
FATOR
FALSO
FÓRMULA
FRAÇÃO
INFINITO
LINEAR
MATRIZ
NÚMERO
PARÊNTESE
PROBLEMA
SIMPLIFICAR
SOLUÇÃO
SUBTRAÇÃO
VARIÁVEL
ZERO

17 - Numbers

S	A	O	C	N	I	C	K	G	D	Y	K	C	U	X
L	E	T	N	I	V	D	Ç	G	E	I	U	T	T	X
U	Z	I	X	S	C	A	I	O	Z	D	E	Z	R	E
Y	O	O	S	E	P	F	E	E	E	Y	X	N	O	S
S	D	C	Ê	T	W	Z	R	S	S	O	J	E	R	V
N	S	M	R	E	N	Y	V	P	S	P	M	T	N	I
D	O	R	T	A	U	Q	K	J	E	E	F	E	K	K
E	K	V	J	M	D	Q	U	C	I	U	D	S	S	X
Z	W	A	E	Z	N	I	U	Q	S	N	Z	S	G	Ç
O	K	P	H	Z	K	X	L	A	M	I	C	E	D	T
I	I	Q	Z	S	Y	P	G	Y	T	T	V	Z	D	R
T	U	D	E	Z	E	N	O	V	E	O	U	E	O	E
O	M	Ç	J	B	P	M	O	P	J	D	R	D	I	Z
L	P	O	P	W	H	L	R	G	Q	I	M	Z	S	E
Y	D	L	R	Ç	E	C	R	J	S	F	F	M	E	B

DECIMAL
OITO
DEZOITO
QUINZE
CINCO
QUATRO
QUATORZE
NOVE
DEZENOVE
UM
SETE
DEZESSETE
SEIS
DEZESSEIS
DEZ
TREZE
TRÊS
DOZE
VINTE
DOIS

18 - Spices

Z	G	F	O	A	M	A	H	L	I	N	U	A	B	O
M	E	F	E	C	Ç	Z	F	X	A	J	C	M	N	H
A	N	S	I	N	A	K	X	S	L	K	X	A	Ç	Ç
T	G	D	M	L	O	R	T	N	E	O	C	R	G	D
I	I	S	L	H	H	G	I	Ç	N	Z	U	G	J	J
A	B	R	Z	K	K	O	R	L	A	S	D	O	Ç	N
T	R	B	C	X	Y	M	X	E	C	O	O	G	V	O
D	E	Q	R	O	B	A	S	Y	G	V	C	V	X	Z
V	P	J	A	C	E	B	O	L	A	O	E	E	P	M
K	G	B	V	K	M	N	C	O	M	I	N	H	O	O
C	S	S	O	A	C	A	R	D	A	M	O	M	O	S
I	J	J	H	H	L	P	Á	P	R	I	C	A	E	C
H	B	D	B	F	O	H	C	N	U	F	I	A	Ç	A
P	B	F	L	L	E	M	O	Ã	R	F	A	Ç	A	D
O	N	U	T	J	R	Y	B	U	W	S	B	I	T	A

ANIS
AMARGO
CARDAMOMO
CANELA
CRAVO
COENTRO
COMINHO
CARIL
FUNCHO
FENO-GREGO
SABOR
ALHO
GENGIBRE
NOZ-MOSCADA
CEBOLA
PÁPRICA
AÇAFRÃO
SAL
DOCE
BAUNILHA

19 - Universe

H	A	T	I	B	R	Ó	Q	E	O	S	U	S	O	A
E	S	S	O	L	S	T	Í	C	I	O	O	P	T	Ç
M	T	A	I	V	I	S	Í	V	E	L	C	L	L	O
I	R	T	P	Z	O	D	Í	A	C	O	I	M	A	A
S	O	M	Ó	A	O	I	V	S	H	J	M	L	R	R
F	N	O	C	U	S	A	V	E	R	T	S	A	L	V
É	O	S	S	L	H	T	N	X	G	X	Ó	T	Y	I
R	M	F	E	A	O	N	E	T	B	A	C	I	Ç	K
I	I	E	L	I	R	L	Ç	R	W	K	V	T	M	Ç
O	A	R	E	T	I	J	E	U	Ó	Q	Ç	U	É	C
D	U	A	T	S	Z	A	S	E	M	I	V	D	D	O
T	T	W	K	E	O	J	E	A	C	U	D	E	R	H
O	X	T	K	L	N	G	C	O	G	S	M	E	W	W
K	G	K	I	E	T	O	M	O	N	Ô	R	T	S	A
G	M	T	X	C	E	G	A	L	Á	X	I	A	Q	S

ASTERÓIDE
ASTRÔNOMO
ASTRONOMIA
ATMOSFERA
CELESTIAL
CÓSMICO
TREVAS
EON
GALÁXIA
HEMISFÉRIO
HORIZONTE
LATITUDE
LUA
ÓRBITA
CÉU
SOLAR
SOLSTÍCIO
TELESCÓPIO
VISÍVEL
ZODÍACO

20 - Mammals

Ç	O	G	O	F	K	G	B	D	I	M	X	U	C	R
M	V	E	A	Y	E	O	A	W	C	O	A	T	O	F
T	E	S	L	T	L	L	L	N	A	R	M	P	E	A
L	L	T	I	M	O	F	E	C	V	S	S	G	L	E
T	H	N	R	B	R	I	I	L	A	Ç	O	N	H	K
O	A	Z	O	I	U	N	A	P	L	X	Ã	P	O	F
Y	N	Ç	G	L	O	H	Q	C	O	N	C	T	A	T
T	A	P	H	B	T	O	I	A	Z	E	B	R	A	R
X	U	A	R	D	U	G	X	N	M	A	C	A	C	O
E	L	E	F	A	N	T	E	G	L	V	S	J	S	T
T	J	O	I	A	U	D	F	U	O	Ã	E	L	C	S
O	V	Ç	J	A	R	I	J	R	B	B	N	E	J	A
I	D	A	P	Ç	S	I	B	U	O	Z	M	D	Z	C
O	M	W	G	D	O	Y	G	Q	X	K	K	P	K	K
C	W	P	X	E	D	M	I	Z	D	G	B	Ç	T	G

URSO
CASTOR
TOURO
GATO
COIOTE
CÃO
GOLFINHO
ELEFANTE
RAPOSA
GIRAFA
GORILA
CAVALO
CANGURU
LEÃO
MACACO
COELHO
OVELHA
BALEIA
LOBO
ZEBRA

21 - Weather

N	N	R	N	P	C	H	X	Q	W	T	V	O	A	O
X	T	M	E	E	O	S	E	C	O	R	F	U	T	Ç
U	J	V	D	L	V	L	L	Q	T	O	T	E	M	H
E	D	U	A	T	Â	O	A	X	N	V	R	T	O	I
C	É	U	T	T	A	M	E	R	E	Ã	O	O	S	I
B	W	A	S	I	R	B	P	I	V	O	P	R	F	S
C	A	Y	E	G	E	L	O	A	R	T	I	N	E	I
S	J	N	P	S	L	G	Y	M	G	O	C	A	R	R
G	X	W	M	W	P	U	W	I	U	O	A	D	A	Í
S	W	D	E	U	T	Ç	T	L	X	I	L	O	A	O
N	N	U	T	E	N	Ç	Z	C	Ç	H	T	J	I	C
F	U	R	A	C	Ã	O	Ã	Ç	N	O	M	P	U	R
S	E	C	A	T	E	M	P	E	R	A	T	U	R	A
T	C	J	K	D	W	X	P	V	N	P	Y	I	P	K
J	L	F	N	U	V	E	M	C	S	V	C	C	O	R

ATMOSFERA
BRISA
CLIMA
NUVEM
SECA
SECO
NEVOEIRO
FURACÃO
GELO
RELÂMPAGO
MONÇÃO
POLAR
ARCO-ÍRIS
CÉU
TEMPESTADE
TEMPERATURA
TROVÃO
TORNADO
TROPICAL
VENTO

22 - Adventure

Q	X	D	K	Ç	T	Ç	K	E	R	Z	R	U	I	P
S	N	A	V	E	G	A	Ç	Ã	O	W	Q	Z	Ç	E
C	E	O	P	O	R	T	U	N	I	D	A	D	E	R
H	I	G	D	I	F	I	C	U	L	D	A	D	E	I
A	F	M	U	M	O	C	N	I	M	L	W	N	A	G
N	H	O	I	R	Á	R	E	N	I	T	I	A	P	O
C	S	O	M	S	A	I	S	U	T	N	E	T	R	S
E	F	X	V	F	N	N	N	J	Y	O	X	U	E	O
D	E	S	T	I	N	O	Ç	C	A	W	C	R	P	B
D	E	S	A	F	I	O	S	A	I	D	P	E	A	R
N	E	X	C	U	R	S	Ã	O	R	U	M	Z	R	A
O	J	S	S	U	Q	A	S	O	G	I	M	A	A	V
V	A	T	I	V	I	D	A	D	E	N	V	Ç	Ç	U
O	A	S	O	O	Q	A	Z	E	L	E	B	D	Ã	R
P	K	P	Z	X	L	T	N	B	A	U	Z	I	O	A

ATIVIDADE
BELEZA
BRAVURA
DESAFIOS
CHANCE
PERIGOSO
DESTINO
DIFICULDADE
ENTUSIASMO
EXCURSÃO
AMIGOS
ITINERÁRIO
ALEGRIA
NATUREZA
NAVEGAÇÃO
NOVO
OPORTUNIDADE
PREPARAÇÃO
SEGURANÇA
INCOMUM

23 - Sport

M	M	C	M	E	T	A	B	Ó	L	I	C	O	Z	C
O	Ú	A	I	J	O	G	G	I	N	G	H	D	J	A
T	W	S	X	C	J	Z	B	V	A	B	K	N	E	P
N	V	O	C	I	L	U	Q	U	M	I	X	A	S	A
E	Ç	S	N	U	M	I	F	L	A	R	T	Ç	P	C
M	R	S	J	U	L	I	S	L	R	E	T	N	O	I
A	S	O	D	C	Q	O	Z	M	G	S	R	A	R	D
G	A	P	O	V	A	C	S	A	O	I	E	D	T	A
N	Ú	R	V	M	A	X	Z	C	R	S	I	U	E	D
O	D	O	I	N	A	Q	Q	E	P	T	N	X	S	E
L	E	C	T	U	R	Z	J	O	H	Ê	A	T	J	F
A	T	L	E	T	A	T	E	I	D	N	D	R	V	L
M	I	B	J	R	O	R	K	A	X	C	O	Z	Q	U
T	T	B	B	T	D	N	O	Ã	Ç	I	R	T	U	N
Q	G	B	O	G	B	P	F	J	B	A	Ç	R	O	F

CAPACIDADE
ATLETA
CORPO
OSSOS
TREINADOR
CICLISMO
DANÇANDO
DIETA
RESISTÊNCIA
OBJETIVO
SAÚDE
JOGGING
MAXIMIZAR
METABÓLICO
MÚSCULOS
NUTRIÇÃO
PROGRAMA
ESPORTES
FORÇA
ALONGAMENTO

24 - Restaurant #2

B	E	B	I	D	A	T	U	R	F	L	R	E	W	V
K	J	O	F	Ç	P	D	K	H	T	W	D	S	A	U
U	S	T	U	M	G	W	A	S	A	L	G	P	N	B
B	C	R	F	O	Ç	O	M	L	A	D	J	E	M	Y
E	J	S	O	P	A	O	L	L	A	E	W	C	G	L
B	K	E	L	R	D	R	T	I	A	S	Ç	I	A	V
V	V	M	E	V	N	E	P	E	I	X	E	A	R	E
B	A	U	G	Á	A	H	L	Ç	O	G	F	R	Ç	B
S	S	G	T	S	F	L	C	I	I	V	F	I	O	O
K	Y	E	L	P	C	O	A	T	C	B	O	A	M	L
B	X	L	F	K	E	C	D	M	F	I	B	S	F	O
G	A	R	F	O	P	H	E	T	L	K	O	F	N	S
W	Q	U	Z	O	O	M	I	E	P	P	V	S	A	T
X	W	T	M	S	R	T	R	A	T	N	A	J	O	T
M	P	Y	O	Ã	R	R	A	C	A	M	Z	F	F	W

BEBIDA
BOLO
CADEIRA
DELICIOSO
JANTAR
OVO
PEIXE
GARFO
FRUTA
GELO
ALMOÇO
MACARRÃO
SALADA
SAL
SOPA
ESPECIARIAS
COLHER
LEGUMES
GARÇOM
ÁGUA

25 - Geology

K	E	E	S	T	A	L	A	C	T	I	T	E	I	P
C	T	L	M	O	Ã	C	L	U	V	W	W	I	W	L
K	R	X	K	K	O	S	Á	B	D	K	G	X	Q	A
N	Ç	O	G	Q	K	I	V	L	I	S	S	Ó	F	T
Q	O	U	H	C	Y	A	A	U	C	S	E	K	S	Ô
S	U	N	R	S	E	T	N	E	N	I	T	N	O	C
I	D	A	E	O	Ã	S	O	R	E	A	O	F	L	N
E	C	N	R	H	Q	I	V	N	J	R	T	D	C	P
L	P	R	E	T	U	R	F	Z	B	E	O	R	I	E
A	Y	E	S	X	Z	C	Z	E	M	N	M	D	C	D
V	X	V	Y	W	C	O	O	D	W	I	E	H	G	R
A	E	A	E	M	X	D	E	R	M	M	R	G	M	A
H	Z	C	G	L	S	I	J	P	A	Z	R	S	A	L
C	A	M	A	D	A	C	B	U	Y	L	E	L	C	U
K	L	F	O	K	K	Á	G	S	M	Y	T	Ç	Y	Ç

ÁCIDO
CÁLCIO
CAVERNA
CONTINENTE
CORAL
CRISTAIS
CICLOS
TERREMOTO
EROSÃO
FÓSSIL
GEYSER
LAVA
CAMADA
MINERAIS
PLATÔ
QUARTZO
SAL
ESTALACTITE
PEDRA
VULCÃO

26 - House

B	M	T	Q	J	U	W	K	A	Z	T	R	E	S	I
R	I	Z	E	H	V	P	O	R	Ã	O	R	D	I	T
L	D	B	Q	L	E	A	W	Ç	P	D	M	E	U	I
O	R	K	L	K	H	J	S	A	N	I	T	R	O	C
O	A	H	H	I	K	A	E	S	S	E	V	A	H	C
H	J	R	Y	Ç	O	H	D	Ç	O	Ç	Z	P	M	H
L	M	V	D	J	T	T	M	O	F	U	K	B	O	U
E	R	Q	W	C	R	P	E	P	N	J	R	O	B	V
P	O	R	T	A	A	I	G	C	M	A	J	A	I	E
S	G	E	K	M	U	S	A	V	A	N	L	R	L	I
E	Y	R	F	U	Q	O	R	L	Y	E	I	I	I	R
C	E	R	C	A	J	X	A	N	Z	L	C	E	Á	O
E	E	Y	U	Y	V	J	G	Ç	I	A	Z	R	R	R
P	G	X	D	R	Q	L	J	E	J	X	D	A	I	F
C	O	Z	I	N	H	A	S	Ó	T	Ã	O	L	O	X

SÓTÃO
PORÃO
VASSOURA
CORTINAS
PORTA
CERCA
LAREIRA
PISO
MOBILIÁRIO
GARAGEM
JARDIM
CHAVES
COZINHA
BIBLIOTECA
ESPELHO
TELHADO
QUARTO
CHUVEIRO
PAREDE
JANELA

27 - Physics

C	N	O	M	O	L	É	C	U	L	A	S	O	X	Á
A	U	U	M	Q	P	A	R	T	Í	C	U	L	A	T
O	S	R	C	S	U	B	Q	I	S	B	Q	D	C	O
S	I	P	I	L	I	V	Q	W	D	I	U	E	I	M
B	T	Ç	O	L	E	T	L	G	O	A	Í	N	N	O
M	O	T	O	R	I	A	E	S	Á	O	M	S	Â	U
R	A	P	I	D	E	Z	R	N	P	S	I	I	C	F
V	C	L	N	S	V	Y	K	B	G	S	C	D	E	Ç
S	O	O	O	F	Ó	R	M	U	L	A	O	A	M	W
U	T	Z	R	L	M	X	Z	P	M	P	M	D	O	I
T	U	U	T	N	A	I	C	N	Ê	U	Q	E	R	F
U	X	Ç	É	P	E	B	H	M	A	S	S	A	N	X
A	C	E	L	E	R	A	Ç	Ã	O	E	V	A	S	A
Q	T	T	E	D	A	D	I	V	I	T	A	L	E	R
L	P	T	Q	K	U	N	I	V	E	R	S	A	L	L

ACELERAÇÃO
ÁTOMO
CAOS
QUÍMICO
DENSIDADE
ELÉTRON
MOTOR
FÓRMULA
FREQUÊNCIA
GÁS
MAGNETISMO
MASSA
MECÂNICA
MOLÉCULA
NUCLEAR
PARTÍCULA
RELATIVIDADE
RAPIDEZ
UNIVERSAL

28 - Dance

T	R	A	D	I	C	I	O	N	A	L	Y	Q	A	E
G	C	U	L	T	U	R	A	M	F	E	B	I	L	X
R	Z	Q	J	A	Y	D	T	A	T	F	Q	O	E	P
A	A	C	A	D	E	M	I	A	H	I	L	C	G	R
Ç	J	H	S	P	V	J	O	K	A	C	R	A	R	E
A	M	O	V	I	M	E	N	T	O	X	M	R	E	S
P	A	R	C	E	I	R	O	I	D	H	X	T	R	S
C	O	R	P	O	P	S	A	L	T	A	R	E	I	I
K	B	M	Ú	S	I	C	A	R	U	T	S	O	P	V
C	O	R	E	O	G	R	A	F	I	A	L	E	A	O
D	O	I	E	M	O	Ç	Ã	O	V	I	S	U	A	L
R	I	L	A	R	U	T	L	U	C	J	M	J	W	N
C	O	C	I	S	S	Á	L	C	A	P	P	L	T	M
Z	U	Q	P	E	N	Z	T	Q	N	Y	L	I	S	Ç
R	I	R	S	V	U	E	D	M	O	U	H	Q	W	Q

ACADEMIA
ARTE
CORPO
COREOGRAFIA
CLÁSSICO
CULTURAL
CULTURA
EMOÇÃO
EXPRESSIVO
GRAÇA
ALEGRE
SALTAR
MOVIMENTO
MÚSICA
PARCEIRO
POSTURA
ENSAIO
RITMO
TRADICIONAL
VISUAL

29 - Scientific Disciplines

A	I	G	O	L	O	I	S	E	N	I	C	P	Ç	I
Y	Z	M	M	J	I	A	N	A	T	O	M	I	A	M
Z	A	Z	W	X	L	N	J	T	O	C	N	A	C	U
Ç	K	S	T	B	W	E	G	N	K	Z	H	C	I	N
M	A	A	T	Y	C	V	N	U	W	X	J	I	M	O
B	C	I	W	R	T	N	Y	Q	Í	X	N	M	Í	L
A	I	G	O	L	O	C	E	C	M	S	D	Â	U	O
Y	N	O	V	C	R	N	V	H	W	P	T	N	Q	G
Ç	Â	L	L	A	I	G	O	L	O	I	S	I	F	I
G	C	O	O	O	M	H	F	M	G	G	M	D	C	A
Z	E	E	R	X	G	L	J	X	I	L	Ç	O	D	A
A	M	G	Ç	I	C	I	L	Z	W	A	E	M	Y	S
R	Q	Q	G	E	T	O	A	D	D	H	R	R	G	O
B	O	T	Â	N	I	C	A	C	S	Z	B	E	Ç	U
S	O	C	I	O	L	O	G	I	A	R	P	T	F	K

ANATOMIA
ASTRONOMIA
BIOLOGIA
BOTÂNICA
QUÍMICA
ECOLOGIA
GEOLOGIA
IMUNOLOGIA
CINESIOLOGIA
LINGUÍSTICA
MECÂNICA
FISIOLOGIA
SOCIOLOGIA
TERMODINÂMICA

30 - Science

G	A	K	F	G	E	M	L	F	A	V	Z	D	Ç	N
M	R	F	Y	M	P	É	U	Ç	L	X	P	V	R	A
W	C	A	R	J	E	T	C	Z	M	K	P	P	L	T
H	O	M	V	Ç	E	O	Ã	Ç	U	L	O	V	E	U
O	I	I	W	I	A	D	S	T	R	J	D	T	Z	R
Y	L	L	Q	Z	D	O	T	A	F	U	X	N	U	E
F	K	C	O	T	S	A	L	U	C	É	L	O	M	Z
P	Í	D	M	B	W	Y	D	W	J	Y	I	R	S	A
G	L	S	S	O	D	A	D	E	W	E	S	P	T	Z
O	V	A	I	Á	T	O	M	O	Q	B	S	B	Q	R
V	J	Z	N	C	X	I	H	G	Z	P	Ó	Z	J	V
C	M	A	A	T	A	A	H	Ç	R	V	F	G	L	X
X	D	X	G	Y	A	H	I	P	Ó	T	E	S	E	P
H	L	Q	R	I	E	S	Q	U	Í	M	I	C	O	F
Z	N	P	O	P	A	R	T	Í	C	U	L	A	S	I

ÁTOMO
QUÍMICO
CLIMA
DADOS
EVOLUÇÃO
FATO
FÓSSIL
GRAVIDADE
HIPÓTESE
MÉTODO
MOLÉCULAS
NATUREZA
ORGANISMO
PARTÍCULAS
FÍSICA
PLANTAS

31 - Beauty

W	Y	E	Ç	X	S	G	A	Y	L	H	P	I	U	D
Z	P	S	R	A	Ç	A	R	G	I	L	E	M	Í	R
D	A	P	E	M	V	M	U	U	K	Ç	L	Ç	Q	A
Z	M	E	R	P	Y	P	O	S	Z	N	E	X	R	T
L	E	L	I	U	C	O	S	M	É	T	I	C	O	S
C	G	H	E	S	E	L	E	G	Â	N	C	I	A	I
C	A	O	U	J	J	T	T	X	A	F	D	J	M	L
Z	I	C	G	O	C	I	N	Ê	G	O	T	O	F	I
L	U	P	H	Z	E	M	R	A	H	C	C	O	R	T
X	Q	Q	K	O	Ç	A	H	W	G	Ó	S	L	P	S
S	A	A	X	W	S	Q	Y	Y	K	E	L	Ç	K	E
O	M	O	T	A	B	Z	V	V	L	F	L	E	U	I
V	P	F	R	A	G	R	Â	N	C	I	A	E	O	Z
P	R	O	D	U	T	O	S	O	Ç	I	V	R	E	S
I	O	Z	A	S	Ç	G	E	Q	N	E	I	M	C	A

CHARME
COR
COSMÉTICOS
CACHOS
ELEGÂNCIA
ELEGANTE
FRAGRÂNCIA
GRAÇA
BATOM
MAQUIAGEM
RÍMEL
ESPELHO
ÓLEOS
FOTOGÊNICO
PRODUTOS
TESOURA
SERVIÇOS
XAMPU
PELE
ESTILISTA

32 - Clothes

Y	G	U	C	S	A	N	D	Á	L	I	A	S	R	T
Y	J	H	O	C	A	S	A	C	J	X	P	G	E	J
A	T	E	L	A	T	N	E	V	A	A	I	V	T	H
Z	G	B	A	R	I	E	S	L	U	P	J	H	É	S
P	Y	L	R	S	W	T	K	B	Ç	S	A	V	U	L
C	Ç	K	B	L	U	G	K	H	W	Y	M	X	S	E
W	H	K	L	W	V	L	J	L	K	T	A	J	I	N
Ç	P	A	Ç	L	A	C	B	K	P	R	P	F	J	Ç
J	T	S	P	Z	U	P	V	H	E	G	S	G	I	O
L	A	U	U	É	X	W	Z	I	R	B	A	J	M	D
Q	R	Q	V	W	U	M	O	Y	H	W	I	E	O	I
V	D	G	U	W	S	A	P	A	T	O	A	A	D	T
P	K	M	E	E	C	A	M	I	S	A	E	N	A	S
V	F	Ç	O	O	T	N	I	C	Q	N	Y	S	I	E
N	X	S	A	G	N	A	Q	K	Z	G	R	X	L	V

AVENTAL
CINTO
BLUSA
PULSEIRA
CASACO
VESTIDO
MODA
LUVAS
CHAPÉU
JAQUETA
JEANS
COLAR
PIJAMA
CALÇA
SANDÁLIAS
LENÇO
CAMISA
SAPATO
SAIA
SUÉTER

33 - Ethics

V	H	I	J	I	L	X	W	S	J	C	C	H	V	B
D	A	O	N	L	N	E	Q	V	A	T	O	U	M	O
F	R	L	N	T	S	S	J	M	V	Y	M	M	D	N
N	E	F	O	E	E	B	K	U	E	F	P	A	I	D
O	S	I	M	R	S	G	B	M	U	Z	A	N	P	A
D	P	L	S	K	E	T	R	S	Z	M	I	I	L	D
I	E	O	Í	H	E	S	I	I	Z	C	X	D	O	E
G	I	S	U	S	L	Z	O	D	D	R	Ã	A	M	Ç
N	T	O	R	X	P	C	W	V	A	A	O	D	Á	Y
I	O	F	T	B	N	X	J	U	G	D	D	E	T	S
D	S	I	L	W	O	T	S	W	V	R	E	E	I	I
A	O	A	A	O	T	I	M	I	S	M	O	S	C	J
D	R	E	A	L	I	S	M	O	L	W	P	W	O	A
E	P	A	C	I	Ê	N	C	I	A	J	S	H	R	S
R	A	Z	O	Á	V	E	L	E	R	L	D	K	D	F

ALTRUÍSMO
COMPAIXÃO
DIGNIDADE
DIPLOMÁTICO
HONESTIDADE
HUMANIDADE
INTEGRIDADE
BONDADE
OTIMISMO
PACIÊNCIA
FILOSOFIA
REALISMO
RAZOÁVEL
RESPEITOSO
VALORES

34 - Astronomy

B	B	E	E	T	E	G	T	C	B	D	N	T	E	A
P	L	A	N	E	T	A	A	D	T	H	Z	G	Q	S
C	Z	S	A	D	E	T	I	L	É	T	A	S	U	T
O	O	O	U	I	U	Y	R	S	Á	D	M	U	I	R
N	D	L	Ç	Ó	G	E	E	A	A	X	B	T	N	O
S	Í	U	O	R	O	E	T	E	M	Z	I	I	Ó	N
T	A	B	R	E	F	E	T	Z	H	T	Z	A	C	A
E	C	E	H	T	L	F	L	S	I	K	E	K	I	U
L	O	N	J	S	K	A	F	I	O	L	F	R	O	T
A	O	Ã	Ç	A	I	D	A	R	M	M	H	Z	R	A
Ç	S	O	I	R	Ó	T	A	V	R	E	S	B	O	A
Ã	A	S	T	R	Ô	N	O	M	O	Ç	U	O	Q	Q
O	L	E	E	C	L	I	P	S	E	B	P	M	C	N
I	U	G	L	H	K	O	T	P	K	X	Z	E	É	F
S	A	G	C	A	C	A	V	O	N	R	E	P	U	S

ASTERÓIDE
ASTRONAUTA
ASTRÔNOMO
CONSTELAÇÃO
COSMOS
TERRA
ECLIPSE
EQUINÓCIO
GALÁXIA
METEORO
LUA
NEBULOSA
OBSERVATÓRIO
PLANETA
RADIAÇÃO
FOGUETE
SATÉLITE
CÉU
SUPERNOVA
ZODÍACO

35 - Health and Wellness #2

A	H	D	I	E	T	A	C	I	T	É	N	E	G	X
E	N	O	W	E	N	E	I	G	I	H	L	T	J	T
N	O	A	S	N	Q	U	E	S	T	R	E	S	S	E
E	N	R	T	P	E	A	T	G	M	B	K	Z	Ç	L
R	E	M	K	O	I	Z	W	R	E	H	A	J	D	L
G	R	J	F	H	M	T	J	I	I	A	N	J	U	O
I	I	Q	M	I	A	I	A	Q	A	Ç	N	E	O	D
A	I	G	R	E	L	A	A	L	L	Y	Ã	L	Ã	D
V	I	T	A	M	I	N	A	V	C	I	S	O	Ç	Y
A	P	E	T	I	T	E	U	G	N	A	S	F	C	V
O	D	E	S	I	D	R	A	T	A	Ç	Ã	O	E	O
O	R	E	C	U	P	E	R	A	Ç	Ã	O	S	F	F
C	A	L	O	R	I	A	U	Q	Y	G	C	E	N	Y
M	A	S	S	A	G	E	M	U	U	K	P	P	I	W
S	A	U	D	Á	V	E	L	U	B	E	I	R	B	D

ALERGIA
ANATOMIA
APETITE
SANGUE
CALORIA
DESIDRATAÇÃO
DIETA
DOENÇA
ENERGIA
GENÉTICA
SAUDÁVEL
HOSPITAL
HIGIENE
INFECÇÃO
MASSAGEM
NUTRIÇÃO
RECUPERAÇÃO
ESTRESSE
VITAMINA
PESO

36 - Disease

O	H	C	P	V	S	Í	N	D	R	O	M	E	G	S
P	I	C	A	I	T	A	P	O	R	U	E	N	E	A
M	V	R	T	I	K	F	R	A	C	O	K	B	N	Ú
L	C	Ô	Ó	H	G	C	T	Q	K	E	N	T	É	D
A	O	N	G	T	E	K	Y	E	W	T	R	E	T	E
N	R	I	E	S	A	I	G	R	E	L	A	R	I	C
I	A	C	N	H	B	R	A	B	M	O	L	A	C	O
M	Ç	A	O	L	B	M	I	W	J	U	G	P	O	N
O	Ã	E	S	O	S	S	O	P	R	O	C	I	K	T
D	O	S	Y	U	T	Y	Z	F	S	J	W	A	V	A
B	A	C	T	E	R	I	A	N	O	E	S	P	U	G
A	O	E	O	I	R	Á	T	I	D	E	R	E	H	I
I	N	F	L	A	M	A	Ç	Ã	O	Q	E	D	H	O
I	M	U	N	I	D	A	D	E	R	N	I	Q	G	S
P	G	I	H	W	I	Q	G	Q	K	O	E	H	V	O

ABDOMINAL
ALERGIAS
BACTERIANO
CORPO
OSSOS
CRÔNICA
CONTAGIOSO
GENÉTICO
SAÚDE
CORAÇÃO
HEREDITÁRIO
IMUNIDADE
INFLAMAÇÃO
LOMBAR
NEUROPATIA
PATÓGENOS
RESPIRATÓRIO
SÍNDROME
TERAPIA
FRACO

37 - Time

H	S	V	O	D	R	A	M	Ç	W	K	F	B	B	M
S	O	N	A	É	E	S	V	H	V	X	P	W	I	E
E	L	J	H	C	L	N	O	F	M	Y	R	X	D	I
M	U	R	E	A	Ó	Z	O	G	W	A	R	O	H	O
A	C	N	N	D	G	J	R	I	U	A	N	J	M	D
N	É	B	S	A	I	H	U	W	T	B	W	H	S	I
A	S	Ê	M	D	O	B	T	Y	W	E	O	K	Ã	A
M	I	N	U	T	O	F	U	M	E	Q	S	K	X	R
E	M	B	R	E	V	E	F	D	K	C	E	D	O	O
C	A	L	E	N	D	Á	R	I	O	C	T	I	I	G
C	N	A	B	L	L	Y	R	G	J	S	N	L	N	A
L	F	U	S	Q	R	M	K	E	Ç	M	A	Z	D	T
D	Z	N	F	E	O	P	G	L	S	H	Ç	T	I	U
Q	S	A	M	B	R	M	K	F	V	R	K	U	Z	M
W	J	Y	H	H	O	P	M	D	I	A	Z	R	D	E

ANUAL
ANTES
CALENDÁRIO
SÉCULO
RELÓGIO
DIA
DÉCADA
CEDO
FUTURO
HORA
MINUTO
MÊS
MANHÃ
NOITE
MEIO-DIA
AGORA
EM BREVE
HOJE
SEMANA
ANO

38 - Buildings

A	T	O	R	R	E	N	Q	T	D	X	L	N	E	A
L	Z	A	Y	X	S	Ç	A	U	E	U	A	H	T	P
B	R	U	C	O	R	I	E	L	E	C	B	C	E	A
E	G	D	Y	D	C	A	B	I	N	E	O	O	N	R
R	I	C	L	A	T	I	P	S	O	H	R	B	D	T
G	T	Q	O	C	J	I	J	W	N	H	A	S	A	A
U	A	C	I	R	B	Á	F	Q	G	R	T	E	L	M
E	W	Y	L	E	T	O	H	R	S	M	Ó	R	O	E
Y	E	H	Z	M	V	A	O	F	E	W	R	V	C	N
U	Q	E	P	R	V	M	E	W	S	E	I	A	S	T
U	U	A	M	E	N	I	C	T	T	I	O	T	E	O
V	E	B	L	P	W	C	G	V	Á	O	B	Ó	G	P
U	S	L	P	U	Z	K	G	K	D	N	R	R	V	H
V	U	C	A	S	T	E	L	O	I	Z	O	I	Z	U
E	M	B	A	I	X	A	D	A	O	A	Ç	O	G	Z

APARTAMENTO
CELEIRO
CABINE
CASTELO
CINEMA
EMBAIXADA
FÁBRICA
HOSPITAL
ALBERGUE
HOTEL
LABORATÓRIO
MUSEU
OBSERVATÓRIO
ESCOLA
ESTÁDIO
SUPERMERCADO
TENDA
TEATRO
TORRE

39 - Philanthropy

R	L	O	M	H	H	D	E	S	A	F	I	O	S	G
R	A	B	U	K	U	C	A	R	I	D	A	D	E	E
X	P	E	I	S	A	M	A	R	G	O	R	P	Ç	N
E	M	I	S	S	Ã	O	A	Ç	N	A	N	I	F	E
D	D	R	D	S	S	A	Ç	N	A	I	R	C	W	R
A	H	A	W	O	E	V	O	C	I	L	B	Ú	P	O
D	I	O	D	V	Ç	B	M	J	U	D	U	L	U	S
I	S	D	Ç	I	B	G	F	U	N	P	A	F	G	I
T	T	V	N	T	N	R	F	U	P	Ç	N	D	Z	D
S	Ó	E	L	E	B	U	H	T	N	U	B	J	E	A
E	R	C	M	J	M	P	M	P	F	D	J	E	X	D
N	I	J	K	B	Y	O	M	O	P	Q	O	C	R	E
O	A	S	A	O	S	S	E	P	C	A	R	S	L	O
H	C	O	N	T	A	T	O	S	B	D	J	Z	X	X
N	E	C	E	S	S	I	D	A	D	E	H	X	U	I

DESAFIOS
CARIDADE
CRIANÇAS
COMUNIDADE
CONTATOS
DOAR
FINANÇA
FUNDOS
GENEROSIDADE
OBJETIVOS
GRUPOS
HISTÓRIA
HONESTIDADE
HUMANIDADE
MISSÃO
NECESSIDADE
PESSOAS
PROGRAMAS
PÚBLICO

40 - Gardening

A	Ê	U	Q	U	B	S	F	G	S	W	B	R	U	A
R	D	S	T	E	O	A	L	N	Á	O	W	H	M	R
Q	A	Z	L	Y	T	Z	O	Y	G	T	L	R	I	R
C	L	I	M	A	Â	O	R	S	U	S	O	O	D	E
C	Ç	M	X	O	N	N	A	E	A	O	J	C	A	C
C	O	O	M	C	I	A	L	M	F	P	Z	I	D	I
R	H	M	S	W	C	L	Y	E	S	M	V	T	E	P
A	I	Y	E	N	O	F	N	N	U	O	G	Ó	U	I
Z	P	X	I	S	Q	M	K	T	J	C	B	X	P	E
G	E	R	C	S	T	G	H	E	E	P	B	E	K	N
V	X	K	É	J	C	Í	E	S	I	X	O	Y	T	T
S	R	Q	P	A	I	H	V	V	R	H	I	M	U	E
M	R	Ç	S	F	L	O	R	E	A	Y	P	W	A	O
A	R	I	E	U	G	N	A	M	L	B	R	L	R	R
F	O	L	H	A	G	E	M	Ç	F	O	L	H	A	O

FLOR
BOTÂNICO
BUQUÊ
CLIMA
COMPOSTO
RECIPIENTE
SUJEIRA
COMESTÍVEL
EXÓTICO
FLORAL
FOLHAGEM
MANGUEIRA
FOLHA
UMIDADE
POMAR
SAZONAL
SEMENTES
SOLO
ESPÉCIES
ÁGUA

41 - Herbalism

K	W	A	T	N	A	L	P	T	X	Y	S	V	E	W
K	P	T	K	N	O	O	C	C	M	L	A	Q	S	D
B	E	N	É	F	I	C	O	S	I	Ç	L	A	T	A
A	T	E	Q	V	R	I	Ã	F	I	F	S	L	R	Ç
N	N	M	N	Ç	Á	T	C	Ç	U	B	A	H	A	A
O	E	I	N	H	N	Á	I	Z	N	N	K	O	G	F
R	I	D	K	Y	I	M	R	L	S	Q	C	P	Ã	R
E	D	R	E	V	L	O	E	A	C	A	H	H	O	Ã
J	E	A	Q	R	U	R	J	V	F	T	B	Y	O	O
N	R	J	S	N	C	A	N	A	U	L	M	O	B	N
A	G	A	C	Z	O	A	A	N	J	Y	O	X	R	A
M	N	X	P	R	L	H	M	D	I	J	Z	R	M	G
Y	I	P	P	M	J	S	K	A	Q	E	I	B	D	É
J	O	H	E	H	X	V	Y	M	N	O	K	D	I	R
Y	B	D	C	P	A	L	E	C	R	I	M	Ç	P	O

AROMÁTICO
MANJERICÃO
BENÉFICO
CULINÁRIO
FUNCHO
SABOR
FLOR
JARDIM
ALHO
VERDE
INGREDIENTE
LAVANDA
MANJERONA
MENTA
ORÉGANO
SALSA
PLANTA
ALECRIM
AÇAFRÃO
ESTRAGÃO

42 - Vehicles

O	V	S	H	E	L	I	C	Ó	P	T	E	R	O	P
S	E	X	U	K	C	X	T	E	J	I	H	O	C	N
U	V	P	W	B	G	Á	P	V	O	U	X	T	R	E
A	S	L	A	B	M	T	E	T	U	W	D	O	A	U
M	X	L	Ô	W	F	A	T	T	B	K	G	M	B	S
B	C	A	R	R	O	D	R	F	O	G	U	E	T	E
U	X	Ç	T	S	Ã	A	O	I	L	S	Ô	B	C	R
L	L	J	E	L	I	G	P	Ç	N	R	N	I	A	U
Â	T	A	M	L	V	N	S	X	Y	O	I	C	M	G
N	S	Q	M	J	A	A	N	E	Q	T	B	I	I	B
C	J	I	B	B	M	J	A	H	V	A	U	C	N	F
I	V	L	Ç	C	R	Z	R	I	P	R	S	L	H	B
A	N	V	F	Z	X	E	T	M	P	T	P	E	Ã	Z
L	O	X	B	O	W	Ç	T	H	I	F	C	T	O	R
C	A	R	A	V	A	N	A	A	U	E	W	A	P	X

AVIÃO
AMBULÂNCIA
BICICLETA
BARCO
ÔNIBUS
CARRO
CARAVANA
BALSA
HELICÓPTERO
MOTOR
JANGADA
FOGUETE
LAMBRETA
TRANSPORTE
SUBMARINO
METRÔ
TÁXI
PNEUS
TRATOR
CAMINHÃO

43 - Flowers

S	A	C	A	O	L	Y	C	Z	J	B	K	W	N	D
Q	H	A	C	R	C	Q	M	A	G	N	Ó	L	I	A
E	D	L	L	Q	A	H	A	I	N	Ô	E	P	O	M
G	T	Ê	A	U	L	T	P	R	B	H	K	T	K	A
C	Y	N	V	Í	I	S	I	E	Ç	H	C	R	G	R
H	R	D	A	D	L	F	L	M	B	U	Q	U	Ê	G
W	Ç	U	N	E	Á	A	U	U	J	A	L	F	D	A
G	A	L	D	A	S	J	T	L	Ç	A	N	R	V	R
H	I	A	A	L	A	T	É	P	T	L	S	W	G	I
I	N	R	N	A	R	C	I	S	O	Í	R	M	R	D
B	Ê	K	A	L	U	O	P	A	P	R	R	A	I	A
I	D	H	X	S	A	H	O	H	O	I	Y	A	X	M
S	R	C	S	U	S	M	U	W	J	O	A	G	I	L
C	A	N	J	J	B	O	V	E	R	T	B	L	J	T
O	G	X	A	O	Ã	E	L	E	D	E	T	N	E	D

BUQUÊ
CALÊNDULA
TREVO
NARCISO
MARGARIDA
DENTE-DE-LEÃO
GARDÊNIA
HIBISCO
JASMIM
LAVANDA
LILÁS
LÍRIO
MAGNÓLIA
ORQUÍDEA
PEÔNIA
PÉTALA
PLUMERIA
PAPOULA
GIRASSOL
TULIPA

44 - Health and Wellness #1

M	Ú	S	C	U	L	O	S	U	R	U	P	X	E	A
O	H	O	R	M	O	N	E	S	T	Y	J	Y	A	M
E	Y	V	J	W	F	L	N	B	P	E	K	G	O	A
R	J	R	D	T	V	S	P	X	D	E	O	Ç	S	Z
T	B	E	N	V	P	I	C	I	E	A	E	F	Z	R
Q	V	N	S	N	E	X	Y	S	H	Á	B	I	T	O
T	R	A	T	A	M	E	N	T	O	Y	L	X	F	T
A	I	C	Á	M	R	A	F	S	X	S	B	E	R	U
N	V	I	A	A	I	P	A	R	E	T	S	M	A	O
I	Í	N	L	T	L	K	R	B	L	O	S	O	T	D
C	R	Í	M	W	I	T	Z	F	F	Ç	B	F	U	B
I	U	L	P	P	X	V	U	N	E	L	E	P	R	N
D	S	C	D	Q	O	Q	O	R	R	L	Z	H	A	Q
E	E	S	A	I	R	É	T	C	A	B	Z	J	U	J
M	R	E	L	A	X	A	M	E	N	T	O	A	B	M

ATIVO
BACTÉRIAS
OSSOS
CLÍNICA
DOUTOR
FRATURA
HÁBITO
ALTURA
HORMONES
FOME
MEDICINA
MÚSCULOS
NERVOS
FARMÁCIA
REFLEXO
RELAXAMENTO
PELE
TERAPIA
TRATAMENTO
VÍRUS

45 - Town

O	O	L	S	D	H	V	H	J	J	H	P	I	Ç	Q
B	I	B	L	I	O	T	E	C	A	O	A	R	K	I
D	D	W	M	S	D	O	T	P	C	T	D	S	C	D
Y	Á	C	S	S	A	U	N	S	I	E	A	B	E	I
B	T	S	J	O	C	N	A	B	N	L	R	W	Q	C
J	S	T	S	M	R	M	R	Z	Í	A	I	E	U	X
G	E	N	Ç	U	E	S	U	M	L	L	A	S	M	B
G	E	N	E	O	M	G	A	I	C	Á	M	R	A	F
V	A	J	O	L	B	A	T	T	T	E	A	T	R	O
M	M	L	M	X	J	R	S	Ç	S	M	A	T	Y	N
X	E	M	E	K	L	K	E	T	X	I	U	I	E	P
F	N	J	J	R	O	T	R	O	P	O	R	E	A	Z
N	I	S	Z	B	I	Y	W	Z	C	A	O	O	C	H
P	C	M	N	P	L	A	L	O	C	S	E	Ç	L	D
L	I	V	R	A	R	I	A	Ç	J	M	Q	C	N	F

AEROPORTO
PADARIA
BANCO
LIVRARIA
CINEMA
CLÍNICA
FLORISTA
GALERIA
HOTEL

BIBLIOTECA
MERCADO
MUSEU
FARMÁCIA
RESTAURANTE
ESCOLA
ESTÁDIO
LOJA
TEATRO

46 - Antarctica

H	S	O	R	A	S	S	Á	P	Á	G	U	A	B	I
F	N	K	X	V	Q	C	G	G	F	D	J	M	T	G
T	E	I	N	V	E	S	T	I	G	A	D	O	R	P
R	V	T	O	P	O	G	R	A	F	I	A	Í	A	B
Z	U	Q	Y	H	K	M	H	I	P	Q	F	K	R	S
E	N	S	E	A	D	A	L	U	S	N	Í	N	E	P
E	X	P	E	D	I	Ç	Ã	O	L	A	X	O	S	G
C	I	E	N	T	Í	F	I	C	O	L	H	D	A	E
C	O	N	T	I	N	E	N	T	E	P	M	L	R	O
C	O	N	S	E	R	V	A	Ç	Ã	O	Ç	T	I	G
T	E	M	P	E	R	A	T	U	R	A	A	U	E	R
Y	O	O	V	U	W	R	O	C	H	O	S	O	L	A
A	M	B	I	E	N	T	E	L	T	F	G	K	E	F
F	B	R	B	Z	D	A	J	O	E	Q	H	N	G	I
M	I	G	R	A	Ç	Ã	O	H	V	G	Ç	Z	V	A

BAÍA
PÁSSAROS
NUVENS
CONSERVAÇÃO
CONTINENTE
ENSEADA
AMBIENTE
EXPEDIÇÃO
GEOGRAFIA
GELEIRAS
GELO
ILHAS
MIGRAÇÃO
PENÍNSULA
INVESTIGADOR
ROCHOSO
CIENTÍFICO
TEMPERATURA
TOPOGRAFIA
ÁGUA

47 - Ballet

R	O	C	I	T	S	Í	T	R	A	A	S	B	E	H
Ç	M	O	C	I	L	B	Ú	P	R	P	Y	A	X	A
C	Ú	M	L	Ç	H	J	J	S	T	L	E	I	P	B
O	S	P	D	I	M	Ç	X	E	S	A	K	L	R	I
R	C	O	I	T	T	P	W	N	E	U	S	A	E	L
E	U	S	Q	N	U	S	U	S	U	S	O	R	S	I
O	L	I	Ç	Q	T	Ç	E	A	Q	O	N	I	S	D
G	O	T	F	O	W	E	R	I	R	H	I	N	I	A
R	S	O	T	S	E	G	N	O	O	R	R	A	V	D
A	H	R	G	O	X	U	F	S	N	V	A	D	O	E
F	Q	A	C	I	T	Á	R	P	I	N	Ç	F	Q	Z
I	S	D	R	C	R	I	T	M	O	D	N	Y	F	P
A	K	P	N	A	M	Ú	S	I	C	A	A	G	W	C
Z	W	H	A	R	C	J	C	W	V	W	D	D	J	N
J	F	L	X	G	T	É	C	N	I	C	A	W	E	L

APLAUSO
ARTÍSTICO
PÚBLICO
BAILARINA
COREOGRAFIA
COMPOSITOR
DANÇARINOS
EXPRESSIVO
GESTO
GRACIOSO
INTENSIDADE
MÚSCULOS
MÚSICA
ORQUESTRA
PRÁTICA
ENSAIO
RITMO
HABILIDADE
ESTILO
TÉCNICA

48 - Fashion

B	T	E	N	D	Ê	N	C	I	A	M	S	E	T	W
O	L	E	V	Á	T	R	O	F	N	O	C	S	E	D
T	T	E	X	T	U	R	A	U	N	D	Q	T	C	Y
Õ	M	X	S	Z	L	S	Y	P	Ç	E	M	I	I	M
E	O	Y	I	E	C	S	E	H	V	R	I	L	D	E
S	D	G	M	Ç	A	P	U	O	R	N	N	O	O	D
Z	E	C	P	Y	R	D	S	W	A	O	I	A	C	I
G	S	E	L	B	O	E	N	O	W	D	M	C	I	D
T	T	U	E	I	J	T	P	E	O	A	A	E	T	A
G	O	Q	S	X	Z	N	K	Q	R	D	L	S	Á	S
O	R	I	G	I	N	A	L	N	P	R	I	S	R	Y
I	E	T	M	K	U	G	S	L	S	O	S	Í	P	R
K	T	U	C	W	U	E	X	K	K	B	T	V	E	Q
I	H	O	W	C	W	L	Z	B	W	O	A	E	Y	E
F	D	B	N	M	W	E	N	G	I	W	M	L	K	N

ACESSÍVEL
BOUTIQUE
BOTÕES
ROUPA
CONFORTÁVEL
ELEGANTE
BORDADO
CARO
TECIDO
RENDA
MEDIDAS
MINIMALISTA
MODERNO
MODESTO
ORIGINAL
PRÁTICO
SIMPLES
ESTILO
TEXTURA
TENDÊNCIA

49 - Human Body

S	U	B	D	C	J	E	J	D	Q	L	H	O	L	O
M	T	O	R	N	O	Z	E	L	O	Ç	T	R	C	S
S	U	E	W	F	Q	O	Ç	G	I	R	W	E	É	S
N	A	R	I	Z	D	L	M	I	X	G	Ç	L	R	O
N	N	F	K	R	A	E	U	G	N	A	S	H	E	S
C	R	O	S	T	O	V	D	Y	V	B	X	A	B	P
F	A	W	L	V	C	O	Ç	O	C	S	E	P	R	E
T	L	B	S	S	Ç	T	K	X	Ã	U	Ç	S	O	L
B	U	H	E	E	C	O	M	I	I	Ç	X	H	H	E
O	B	W	Ç	Ç	N	C	Ã	E	C	Y	A	M	L	V
C	Í	Ç	J	G	A	Ç	O	U	U	A	N	R	E	P
A	D	T	T	Y	V	G	V	Q	Y	D	Q	F	O	J
P	N	Z	F	Q	X	I	U	E	K	D	Ç	W	J	C
P	A	O	H	Ç	B	V	S	K	W	O	M	B	R	O
A	M	E	H	R	S	S	G	V	I	H	F	D	W	T

TORNOZELO
SANGUE
OSSOS
CÉREBRO
QUEIXO
ORELHA
COTOVELO
ROSTO
DEDO
MÃO
CABEÇA
CORAÇÃO
MANDÍBULA
JOELHO
PERNA
BOCA
PESCOÇO
NARIZ
OMBRO
PELE

50 - Musical Instruments

F	F	W	Y	U	Q	R	P	G	É	X	O	H	P	T
U	W	A	T	U	A	L	F	Q	O	Ç	A	X	E	R
G	Z	J	G	T	U	O	M	L	B	N	N	E	R	O
J	Ç	Q	B	O	N	A	I	P	O	D	G	R	C	M
Y	T	O	S	A	T	E	U	Q	A	B	F	O	U	P
A	P	R	A	H	R	E	V	A	B	Q	A	J	S	E
B	M	O	O	C	L	A	R	I	N	E	T	E	S	T
A	A	B	R	M	B	A	N	D	O	L	I	M	Ã	E
N	R	M	I	O	B	V	I	O	L	Ã	O	J	O	M
J	I	A	E	T	W	O	Ç	W	O	C	F	R	N	Z
O	M	T	D	E	N	H	N	Ç	O	H	B	B	I	W
J	B	L	N	P	K	L	F	E	J	Z	J	B	L	Z
A	A	D	A	V	I	O	L	O	N	C	E	L	O	A
Z	D	M	P	M	I	J	Ç	G	R	A	P	D	I	O
S	A	X	O	F	O	N	E	X	G	H	D	T	V	E

BANJO
FAGOTE
VIOLONCELO
CLARINETE
TAMBOR
BAQUETAS
FLAUTA
GONGO
VIOLÃO
HARPA

BANDOLIM
MARIMBA
OBOÉ
PERCUSSÃO
PIANO
SAXOFONE
PANDEIRO
TROMBONE
TROMPETE
VIOLINO

51 - Fruit

N	W	L	L	I	F	N	E	D	I	G	E	Q	U	A
L	E	X	D	L	I	V	U	H	Y	O	Ã	L	E	M
G	O	C	S	A	M	A	D	H	K	I	K	I	W	I
K	G	X	T	Ç	N	A	P	M	Ç	A	G	N	A	M
B	A	G	A	A	J	E	R	E	C	B	L	G	Y	N
Q	V	Ç	D	J	R	L	W	U	R	A	C	U	N	E
L	I	M	Ã	O	J	I	A	B	A	C	A	T	E	S
R	X	C	Ç	G	K	Q	N	B	V	R	V	X	U	O
Z	A	F	A	E	D	J	A	A	U	R	E	S	Y	D
E	C	V	M	S	E	A	N	C	L	O	V	P	F	C
S	A	N	I	S	F	D	A	V	R	F	Q	C	S	M
F	B	D	E	Ê	I	I	B	O	I	Ç	B	P	P	A
M	A	W	C	P	S	D	G	I	O	Ç	E	F	S	M
U	I	W	M	N	P	Ç	G	O	F	X	J	M	L	Ã
C	O	C	O	F	R	A	M	B	O	E	S	A	O	O

MAÇÃ
DAMASCO
ABACATE
BANANA
BAGA
CEREJA
COCO
FIGO
UVA
GOIABA
KIWI
LIMÃO
MANGA
MELÃO
NECTARINA
MAMÃO
PÊSSEGO
PERA
ABACAXI
FRAMBOESA

52 - Engineering

E	N	E	R	G	I	A	Ç	C	P	L	E	D	E	E
A	D	D	Y	L	B	A	X	Á	R	W	S	I	N	A
O	Ã	Ç	I	D	E	M	O	L	D	G	T	S	G	L
L	R	S	E	Â	F	K	I	C	I	C	R	T	R	O
U	Q	Z	D	A	M	V	A	U	E	E	U	R	E	P
G	N	M	A	Ç	L	E	W	L	S	I	T	I	N	R
N	S	A	D	R	F	A	T	O	E	X	U	B	A	O
Â	M	N	I	O	I	C	V	R	L	O	R	U	G	P
Q	G	I	D	F	W	H	S	A	O	C	A	I	E	U
R	X	U	N	W	R	A	U	D	N	T	K	Ç	N	L
L	Í	Q	U	I	D	O	I	W	I	C	U	Ã	S	S
S	O	Á	F	T	I	P	T	P	T	Y	A	O	V	Ã
S	I	M	O	M	Z	G	K	O	D	U	Q	S	S	O
A	M	A	R	G	A	I	D	Q	M	C	Z	H	L	L
B	Y	K	P	Y	C	O	N	S	T	R	U	Ç	Ã	O

ÂNGULO
EIXO
CÁLCULO
CONSTRUÇÃO
PROFUNDIDADE
DIAGRAMA
DIÂMETRO
DIESEL
DISTRIBUIÇÃO
ENERGIA
ENGRENAGENS
ALAVANCAS
LÍQUIDO
MÁQUINA
MEDIÇÃO
MOTOR
PROPULSÃO
FORÇA
ESTRUTURA

53 - Kitchen

P	E	E	H	F	J	B	B	F	F	U	N	O	D	E
T	A	S	E	R	E	H	L	O	C	O	A	P	Ç	S
I	H	U	P	S	A	Y	J	C	P	I	R	A	W	P
G	L	H	Z	E	H	G	V	O	E	F	I	N	O	O
E	E	E	Ç	I	C	J	C	M	H	R	E	A	O	N
L	R	V	L	H	N	I	J	E	U	I	D	D	A	J
A	G	I	Q	U	O	H	A	R	A	E	A	R	F	A
Z	D	P	K	F	C	R	O	R	R	J	L	A	R	M
G	A	R	F	O	S	R	N	S	I	W	E	U	E	R
U	F	Q	R	M	A	J	I	P	E	A	G	G	E	M
J	V	P	E	Z	C	B	Y	U	L	C	S	L	Z	P
A	V	E	N	T	A	L	A	C	A	T	W	R	E	L
T	L	R	R	T	F	Y	K	E	H	I	C	A	R	K
R	E	C	E	I	T	A	X	Q	C	Z	U	S	F	L
G	S	Q	J	A	R	R	O	I	C	W	L	J	A	R

AVENTAL
TIGELA
PAUZINHOS
CUPS
GARFOS
FREEZER
GRELHA
JAR
JARRO
CHALEIRA
FACAS
CONCHA
GUARDANAPO
FORNO
RECEITA
GELADEIRA
ESPECIARIAS
ESPONJA
COLHERES
COMER

54 - Government

I	D	E	M	O	C	R	A	C	I	A	P	P	P	M
N	E	Y	D	I	S	S	I	D	Ê	N	C	I	A	O
D	D	L	P	A	C	Í	F	I	C	O	T	A	A	N
E	A	G	B	N	A	Ç	Ã	O	J	I	Ç	N	N	U
P	D	D	I	S	C	U	R	S	O	D	Ç	Ç	D	M
E	R	K	D	A	O	E	J	R	E	D	Í	L	I	E
N	E	Ç	M	N	P	Ç	O	Ç	D	J	S	O	S	N
D	B	P	O	L	Í	T	I	C	A	U	Í	W	C	T
Ê	I	R	R	N	I	L	U	L	D	S	M	L	U	O
N	L	X	Z	F	B	V	I	F	L	T	B	R	S	G
C	J	W	E	A	R	U	I	D	A	I	O	X	S	I
I	U	X	U	U	U	Ç	C	C	U	Ç	L	N	Ã	E
A	J	U	D	I	C	I	A	L	G	A	O	D	O	T
K	Y	Z	O	Ã	Ç	I	U	T	I	T	S	N	O	C
F	T	L	O	E	S	T	A	D	O	N	G	O	Ç	F

CIVIL
CONSTITUIÇÃO
DEMOCRACIA
DISCUSSÃO
DISSIDÊNCIA
IGUALDADE
INDEPENDÊNCIA
JUDICIAL
JUSTIÇA
LEI
LÍDER
LIBERDADE
MONUMENTO
NAÇÃO
PACÍFICO
POLÍTICA
DISCURSO
ESTADO
SÍMBOLO

55 - Art Supplies

R	R	O	D	A	G	A	P	A	T	A	A	V	V	P
C	Â	M	E	R	A	C	E	N	T	I	M	L	A	A
C	A	U	T	T	L	R	J	O	K	Z	N	I	A	S
A	R	V	E	Z	O	Í	M	D	G	X	A	T	D	T
R	I	I	L	K	C	L	C	H	M	V	O	S	A	E
G	E	Q	A	F	L	I	D	P	N	L	B	Q	U	L
I	D	N	V	T	K	C	Q	A	Ç	A	Q	R	G	S
L	A	N	A	G	I	O	E	L	Ó	P	S	M	Á	J
A	C	V	C	O	Ã	V	R	A	C	Q	A	R	N	I
L	Á	P	I	S	T	O	I	X	G	D	V	P	Q	N
T	I	N	T	A	S	S	U	D	H	L	O	S	E	F
H	C	O	R	E	S	H	Q	R	A	X	C	H	W	L
A	Q	U	A	R	E	L	A	S	A	D	S	H	K	O
M	E	S	A	C	K	S	V	K	U	Q	E	T	B	E
P	I	A	M	D	T	S	Ç	F	O	O	Q	J	K	G

ACRÍLICO
ESCOVAS
CÂMERA
CADEIRA
CARVÃO
ARGILA
CORES
CRIATIVIDADE
CAVALETE
APAGADOR
COLA
TINTA
ÓLEO
TINTAS
PAPEL
PASTELS
LÁPIS
MESA
ÁGUA
AQUARELAS

56 - Science Fiction

B	P	T	E	C	N	O	L	O	G	I	A	L	C	W
O	L	U	C	Á	R	O	D	N	U	M	E	O	I	T
C	A	I	X	Á	L	A	G	B	Z	B	I	O	N	W
I	N	F	F	F	I	S	O	R	V	I	L	Ã	E	V
T	E	V	T	O	O	Ô	Ã	O	U	R	Ç	S	M	N
S	T	O	D	S	G	B	S	M	R	T	M	O	A	Ç
Á	A	W	R	O	Y	O	U	B	D	B	O	L	N	W
T	T	T	R	I	A	R	L	D	C	D	G	P	A	J
N	S	O	I	R	Á	N	I	G	A	M	I	X	I	R
A	I	M	U	E	S	W	O	X	Y	K	V	E	P	A
F	R	E	H	T	S	L	I	F	K	Y	F	P	O	F
O	U	R	I	S	T	J	W	F	E	I	G	O	T	C
E	T	T	P	I	F	X	U	C	L	O	N	E	S	S
W	U	X	O	M	V	I	R	T	U	S	P	Q	I	B
M	F	E	Ç	A	A	T	Ó	M	I	C	O	R	D	W

ATÓMICO
LIVROS
CINEMA
CLONES
DISTOPIA
EXPLOSÃO
EXTREMO
FANTÁSTICO
FOGO
FUTURISTA
GALÁXIA
ILUSÃO
IMAGINÁRIO
MISTERIOSO
ORÁCULO
PLANETA
ROBÔS
TECNOLOGIA
UTOPIA
MUNDO

57 - Geometry

Z	Z	F	O	A	S	S	A	M	Z	L	W	G	M	S
E	V	J	L	I	C	A	G	J	X	C	Ç	Q	E	U
I	F	X	U	R	E	I	Q	K	U	J	T	E	D	P
U	N	L	G	O	S	E	G	M	E	N	T	O	I	E
O	B	V	N	E	A	X	W	Ó	Q	P	P	Ã	A	R
N	V	G	Â	T	X	Z	P	I	L	A	R	Ç	N	F
H	O	R	I	Z	O	N	T	A	L	R	O	A	A	Í
D	C	H	R	M	N	C	V	I	D	A	P	U	C	C
A	I	Á	T	Y	Z	U	N	R	I	L	O	Q	Í	I
G	A	Â	L	K	X	R	F	T	M	E	R	E	R	E
T	I	R	M	C	Z	V	Q	E	E	L	Ç	B	C	Z
D	D	L	S	E	U	A	Y	M	N	O	Ã	P	U	H
Ç	K	A	R	U	T	L	A	I	S	V	O	Y	L	S
Â	N	G	U	L	O	R	O	S	Ã	J	B	T	O	P
Z	T	Z	O	F	T	C	O	V	O	R	E	M	Ú	N

ÂNGULO
CÁLCULO
CÍRCULO
CURVA
DIÂMETRO
DIMENSÃO
EQUAÇÃO
ALTURA
HORIZONTAL
LÓGICA
MASSA
MEDIANA
NÚMERO
PARALELO
PROPORÇÃO
SEGMENTO
SUPERFÍCIE
SIMETRIA
TEORIA
TRIÂNGULO

58 - Creativity

I	A	I	H	Z	O	E	I	S	A	C	W	I	I	I
A	M	M	W	X	C	S	N	E	U	P	K	I	N	N
R	Ç	A	M	C	I	P	S	N	T	V	Ç	M	T	V
R	T	Q	G	A	T	O	P	T	E	I	C	A	U	E
H	W	Ç	K	E	Á	N	I	I	N	S	E	G	I	N
I	A	M	C	R	M	T	R	M	T	Õ	S	I	Ç	T
Q	M	B	S	O	A	Â	A	E	I	E	E	N	Ã	I
R	F	P	I	X	R	N	Ç	N	C	S	N	A	O	V
B	L	O	R	L	D	E	Ã	T	I	E	S	Ç	Z	O
C	U	E	M	E	I	A	O	O	D	Õ	A	Ã	C	J
C	I	F	O	F	S	D	S	S	A	Ç	Ç	O	Y	O
J	D	V	Z	E	D	S	A	A	D	O	Ã	Q	F	E
P	E	U	X	F	Q	A	Ã	D	E	M	O	C	K	Ç
A	Z	E	R	A	L	C	G	O	E	E	Z	Q	J	M
E	F	I	N	T	E	N	S	I	D	A	D	E	H	R

AUTENTICIDADE
CLAREZA
DRAMÁTICO
EMOÇÕES
SENTIMENTOS
FLUIDEZ
IMAGEM
IMAGINAÇÃO
IMPRESSÃO
INSPIRAÇÃO
INTENSIDADE
INTUIÇÃO
INVENTIVO
SENSAÇÃO
HABILIDADE
ESPONTÂNEA
VISÕES

59 - Airplanes

H	D	A	S	Ç	B	R	U	G	R	A	A	K	V	T
P	I	E	T	O	I	N	Ê	G	O	R	D	I	H	R
A	A	S	S	M	Ç	U	G	Y	T	U	L	C	T	I
S	T	Ç	T	C	O	P	I	L	O	T	O	O	Ç	P
S	E	G	Q	Ó	I	S	V	F	M	N	L	N	Q	U
A	R	D	S	W	R	D	F	V	H	E	E	S	O	L
G	R	K	O	E	N	I	A	E	K	V	V	T	L	A
E	I	I	Ã	S	A	U	A	A	R	A	Í	R	D	Ç
I	S	A	L	T	U	R	A	L	S	A	T	U	I	Ã
R	S	Y	A	F	E	E	N	T	E	K	S	Ç	R	O
O	A	G	B	T	Q	G	O	I	C	É	U	Ã	E	X
Z	G	L	L	K	Q	V	Z	T	I	P	B	O	Ç	P
S	E	G	K	H	A	W	D	U	L	F	M	D	Ã	W
K	M	A	F	S	B	Z	W	D	É	O	O	W	O	S
Ç	A	Ç	M	G	M	F	Q	E	H	A	C	J	Y	Q

AVENTURA
AR
ALTITUDE
ATMOSFERA
BALÃO
CONSTRUÇÃO
TRIPULAÇÃO
DESCIDA
DIREÇÃO
MOTOR
COMBUSTÍVEL
ALTURA
HISTÓRIA
HIDROGÊNIO
ATERRISSAGEM
PASSAGEIRO
PILOTO
HÉLICES
CÉU

60 - Ocean

R	G	O	L	F	I	N	H	O	K	P	E	Z	G	W
B	E	N	W	K	C	Q	C	B	C	Ç	J	B	S	X
A	X	C	M	E	D	U	S	A	Q	X	Ç	E	P	W
L	I	D	I	E	S	P	O	N	J	A	A	Ç	E	X
E	E	W	R	F	T	A	R	T	A	R	U	G	A	C
I	P	Ç	O	J	E	U	G	N	A	R	A	C	R	O
A	J	J	V	L	F	C	F	L	B	B	B	C	T	R
I	K	F	L	G	M	O	Ã	R	A	B	U	T	S	A
O	J	H	O	Ã	R	A	M	A	C	N	C	E	O	L
O	L	I	P	T	E	M	P	E	S	T	A	D	E	W
S	A	D	N	O	M	U	F	R	W	B	I	Z	D	N
R	A	U	C	H	A	T	T	B	G	X	U	Y	A	Y
M	I	L	N	D	R	A	J	U	V	H	G	D	J	E
M	E	V	N	B	É	L	P	W	A	V	N	I	F	S
A	N	G	P	F	S	A	J	M	E	R	E	D	A	J

ALGA
CORAL
CARANGUEJO
GOLFINHO
ENGUIA
PEIXE
MEDUSA
POLVO
OSTRA
RECIFE
SAL
TUBARÃO
CAMARÃO
ESPONJA
TEMPESTADE
MARÉS
ATUM
TARTARUGA
ONDAS
BALEIA

61 - Force and Gravity

I	H	G	X	E	T	F	Q	O	P	M	E	T	O	I
Z	U	Z	G	O	S	E	P	Ã	R	M	M	D	D	Ç
E	A	A	T	R	I	T	O	S	O	Z	A	S	E	D
D	T	M	Ç	T	Z	O	Ç	S	P	L	G	M	S	I
I	I	J	I	N	X	A	F	E	R	B	N	E	C	S
P	B	N	V	E	A	O	Í	R	I	S	I	C	O	T
A	R	Q	Â	C	Q	E	S	P	E	L	T	Â	B	Â
R	Ó	C	F	M	T	S	I	L	D	A	U	N	E	N
U	W	G	I	C	I	F	C	E	A	S	D	I	R	C
U	Z	R	Y	O	D	C	A	I	D	R	E	C	T	I
I	M	P	A	C	T	O	O	X	E	E	L	A	A	A
I	Z	V	D	E	I	C	F	O	S	V	T	M	T	N
D	F	R	K	M	A	G	N	E	T	I	S	M	O	M
M	O	V	I	M	E	N	T	O	K	N	L	F	A	K
Ç	E	X	P	A	N	S	Ã	O	Q	U	Ó	N	P	I

EIXO
CENTRO
DESCOBERTA
DISTÂNCIA
DINÂMICO
EXPANSÃO
ATRITO
IMPACTO
MAGNETISMO
MAGNITUDE
MECÂNICA
MOVIMENTO
ÓRBITA
FÍSICA
PRESSÃO
PROPRIEDADES
RAPIDEZ
TEMPO
UNIVERSAL
PESO

62 - Birds

A	D	Y	D	P	E	G	C	T	J	N	P	F	P	P
A	V	F	F	Ç	A	Z	A	A	C	R	X	U	O	I
G	Y	E	E	K	L	C	Ç	N	N	O	Y	A	M	N
O	V	O	S	T	W	L	R	A	S	Á	U	X	B	G
G	K	V	O	T	A	P	A	U	L	O	R	E	A	U
J	U	F	Q	Q	R	F	G	Z	J	I	I	I	J	I
P	A	R	D	A	L	U	O	Ã	V	A	P	X	O	M
C	E	G	O	N	H	A	Z	O	C	G	O	N	G	D
X	C	B	N	C	U	C	O	Y	O	A	Z	G	N	P
C	O	N	A	C	U	T	O	B	R	P	S	F	I	A
U	R	F	C	I	Z	P	G	S	V	A	T	M	M	Á
R	T	J	I	C	I	S	N	E	O	P	L	Z	A	G
O	K	Ç	L	I	I	G	A	N	G	X	U	M	L	U
F	X	J	E	M	L	K	R	P	I	U	Y	D	F	I
P	L	V	P	T	B	P	F	W	N	D	C	Ç	A	A

CANÁRIO
FRANGO
CORVO
CUCO
POMBA
PATO
ÁGUIA
OVO
FLAMINGO
GANSO
GARÇA
AVESTRUZ
PAPAGAIO
PAVÃO
PELICANO
PINGUIM
PARDAL
CEGONHA
CISNE
TUCANO

63 - Art

F	A	L	Ç	Q	C	C	O	T	I	E	J	U	S	T
P	I	V	A	K	R	O	H	R	H	V	B	G	C	W
E	S	G	R	H	I	M	O	R	I	U	I	X	B	L
S	E	M	U	I	A	P	N	E	L	G	M	M	W	T
S	O	P	T	R	R	L	E	T	S	D	I	O	N	T
O	P	Ç	L	K	A	E	S	R	T	X	O	N	R	S
A	Y	C	U	C	M	X	T	A	A	T	D	R	A	E
L	C	G	C	V	S	O	O	T	O	T	V	I	C	L
L	A	U	S	I	V	R	S	A	R	U	T	N	I	P
W	K	N	E	W	F	V	O	R	E	N	Q	F	M	M
W	G	Q	C	O	M	P	O	S	I	Ç	Ã	O	Â	I
I	N	S	P	I	R	A	D	O	J	L	Ç	H	R	S
S	Í	M	B	O	L	O	B	J	S	L	C	W	E	A
S	U	R	R	E	A	L	I	S	M	O	T	M	C	W
E	X	P	R	E	S	S	Ã	O	F	V	V	C	Y	I

CERÂMICA
COMPLEXO
COMPOSIÇÃO
CRIAR
EXPRESSÃO
FIGURA
HONESTO
INSPIRADO
HUMOR
ORIGINAL
PINTURAS
PESSOAL
POESIA
RETRATAR
ESCULTURA
SIMPLES
SUJEITO
SURREALISMO
SÍMBOLO
VISUAL

64 - Nutrition

C	H	U	A	Y	A	A	S	O	T	I	B	Á	H	O
R	O	B	A	S	N	T	P	A	Y	O	M	X	J	P
N	G	M	O	L	I	E	A	E	H	S	X	G	B	E
T	R	I	E	R	M	I	V	D	T	A	I	I	S	S
Y	A	Ç	F	S	A	D	N	Ú	R	I	L	D	N	O
L	M	X	C	J	T	S	Q	A	Q	R	T	P	S	A
L	A	C	O	I	I	Í	Z	S	I	O	Y	E	A	P
N	W	N	Y	Ç	V	W	V	G	Z	L	Z	W	U	R
D	I	G	E	S	T	Ã	O	E	S	A	E	A	D	O
Q	U	A	L	I	D	A	D	E	L	C	Ç	G	Á	T
F	E	R	M	E	N	T	A	Ç	Ã	O	Z	J	V	E
B	H	V	N	U	T	R	I	E	N	T	E	J	E	Í
E	Q	U	I	L	I	B	R	A	D	O	D	Q	L	N
Ç	F	C	A	R	B	O	I	D	R	A	T	O	S	A
U	Ç	J	Q	A	M	O	L	H	O	A	R	L	A	S

APETITE
EQUILIBRADO
AMARGO
CALORIAS
CARBOIDRATOS
DIETA
DIGESTÃO
COMESTÍVEL
FERMENTAÇÃO
SABOR
HÁBITOS
SAÚDE
SAUDÁVEL
NUTRIENTE
PROTEÍNAS
QUALIDADE
MOLHO
TOXINA
VITAMINA
PESO

65 - Hiking

G	A	J	U	F	A	M	I	L	C	V	S	P	Ç	B
E	O	X	B	O	C	S	A	H	N	E	P	O	Q	G
P	G	H	M	Ã	A	O	A	H	D	H	V	X	L	N
U	Ç	Q	E	Ç	M	G	N	P	E	D	R	A	S	N
T	B	N	G	A	P	I	I	M	C	Q	R	I	J	A
M	A	P	A	R	A	R	M	P	E	S	A	D	O	T
Z	N	W	V	A	M	E	A	B	M	B	T	B	O	U
M	N	H	L	P	E	P	I	D	G	F	M	O	N	R
X	O	R	E	E	N	K	S	X	L	E	E	T	Y	E
C	M	N	S	R	T	M	S	E	U	Q	R	A	P	Z
Á	Z	Ç	T	P	O	D	A	S	N	A	C	S	K	A
V	G	W	O	A	F	A	I	H	C	F	X	W	B	I
O	Y	U	I	N	N	C	U	P	S	A	Ç	B	K	G
H	N	L	A	N	H	H	G	J	Y	D	S	L	E	U
C	U	M	E	O	Ã	Ç	A	T	N	E	I	R	O	F

ANIMAIS
BOTAS
ACAMPAMENTO
PENHASCO
CLIMA
GUIAS
PERIGOS
PESADO
MAPA
MONTANHA
NATUREZA
ORIENTAÇÃO
PARQUES
PREPARAÇÃO
PEDRAS
CUME
SOL
CANSADO
ÁGUA
SELVAGEM

66 - Professions #1

O	N	K	A	Q	M	A	R	I	N	H	E	I	R	O
G	O	N	F	Q	R	O	R	I	E	U	Q	N	A	B
I	A	R	R	B	S	C	G	D	F	C	M	K	F	F
R	O	T	I	D	E	I	C	O	R	E	B	I	K	C
V	N	N	Ç	S	K	S	P	U	L	D	P	B	K	C
K	I	U	A	R	D	Ú	K	T	Z	Ó	W	B	G	K
P	R	M	A	O	D	M	H	O	J	U	C	J	Z	X
C	A	Ç	A	D	O	R	M	R	O	S	F	I	T	J
Ç	Ç	Ç	I	A	P	I	A	N	I	S	T	A	S	H
C	N	W	P	X	A	L	F	A	I	A	T	E	T	P
Y	A	O	R	I	E	H	L	A	O	J	T	F	T	L
Ç	D	W	M	A	T	R	E	I	N	A	D	O	R	N
M	B	I	Ç	B	G	E	Ó	L	O	G	O	N	P	F
L	U	V	O	M	O	N	Ô	R	T	S	A	V	K	S
D	C	I	N	E	C	A	R	T	Ó	G	R	A	F	O

EMBAIXADOR
ASTRÔNOMO
BANQUEIRO
CARTÓGRAFO
TREINADOR
DANÇARINO
DOUTOR
EDITOR
GEÓLOGO
CAÇADOR
JOALHEIRO
MÚSICO
PIANISTA
PSICÓLOGO
MARINHEIRO
ALFAIATE

67 - Barbecues

T	F	R	U	T	A	S	Ç	O	O	L	Q	N	T	Q
P	O	Ã	R	E	V	A	G	R	E	L	H	A	X	I
R	H	M	Z	G	T	D	O	L	K	M	Z	L	E	C
K	L	S	A	Ç	N	A	I	R	C	G	N	E	U	J
Z	O	Ç	I	T	E	L	J	G	Z	J	S	G	I	E
B	M	T	F	Ç	E	A	B	I	N	N	R	U	H	H
A	F	O	M	E	U	S	O	F	R	A	G	M	Q	O
S	M	A	Ç	G	M	F	Ç	R	F	V	V	E	F	O
A	N	I	C	J	Ç	R	O	M	X	Y	T	S	S	P
L	M	V	G	E	W	A	M	Ú	Q	U	E	N	T	E
U	J	F	O	O	B	N	L	S	C	Y	M	W	A	X
C	O	B	A	S	S	G	A	I	I	T	M	I	P	I
Z	G	M	O	C	V	O	G	C	Ç	Q	J	R	G	V
R	O	J	C	R	A	T	N	A	J	X	G	W	Q	G
S	S	V	B	B	O	S	F	A	M	Í	L	I	A	J

FRANGO
CRIANÇAS
JANTAR
FAMÍLIA
GARFOS
AMIGOS
FRUTA
JOGOS
GRELHA
QUENTE
FOME
FACAS
ALMOÇO
MÚSICA
SALADAS
SAL
MOLHO
VERÃO
TOMATES
LEGUMES

68 - Chocolate

A	T	I	D	X	Q	C	A	L	O	R	I	A	S	A
C	R	F	Q	W	U	C	S	M	Ç	W	K	G	D	M
I	T	O	B	I	A	O	A	K	J	T	Z	W	O	E
D	Y	C	M	P	L	M	B	L	B	I	Q	P	T	N
P	X	O	A	A	I	E	O	M	K	S	M	T	I	D
A	E	C	T	T	D	R	R	F	A	O	G	U	R	O
A	M	K	X	A	A	C	A	R	A	M	E	L	O	I
D	R	A	S	W	D	X	C	C	G	B	C	O	V	N
E	Y	T	R	X	E	K	Ú	A	O	P	O	T	A	S
X	O	E	E	G	G	V	Ç	C	S	G	D	W	F	V
S	S	A	F	S	O	S	A	A	T	Y	W	Q	X	O
J	Ç	A	I	Z	A	F	O	U	O	Y	D	Q	U	S
L	V	W	A	E	T	N	E	I	D	E	R	G	N	I
E	X	Ó	T	I	C	O	A	R	E	C	E	I	T	A
M	N	O	S	O	I	C	I	L	E	D	B	F	L	V

AROMA
ARTESANAL
AMARGO
CACAU
CALORIAS
CARAMELO
COCO
DELICIOSO
EXÓTICO
FAVORITO
SABOR
INGREDIENTE
AMENDOINS
QUALIDADE
RECEITA
AÇÚCAR
DOCE
GOSTO
COMER

69 - Vegetables

U	B	L	J	A	E	B	Ç	D	K	Q	I	I	G	E
J	E	N	R	L	T	S	R	Y	G	S	W	U	Q	R
L	R	B	T	C	E	S	P	Ó	A	L	H	O	Ç	V
Q	I	I	X	A	N	Ç	J	I	C	N	R	Q	O	I
A	N	M	G	C	A	H	R	G	N	O	J	D	T	L
N	G	D	J	H	B	S	O	A	D	A	L	A	S	H
A	E	O	J	O	A	O	X	Ç	L	B	F	I	T	A
B	L	Q	E	F	R	P	H	K	I	G	T	R	S	D
O	A	O	E	R	B	I	G	N	E	G	S	U	E	E
D	T	U	Y	A	S	A	L	S	A	O	Z	A	Q	T
R	O	L	F	E	V	U	O	C	C	E	B	O	L	A
O	L	E	M	U	G	O	C	P	E	P	I	N	O	M
Ç	A	I	M	P	X	Q	A	B	Ó	B	O	R	A	O
K	H	C	E	N	O	U	R	A	K	Ç	U	E	Z	T
T	C	W	J	B	Ç	X	G	H	J	X	S	R	X	Ç

ALCACHOFRA
BRÓCOLIS
CENOURA
COUVE-FLOR
AIPO
PEPINO
BERINGELA
ALHO
GENGIBRE
COGUMELO
CEBOLA
SALSA
ERVILHA
ABÓBORA
RABANETE
SALADA
CHALOTA
ESPINAFRE
TOMATE
NABO

70 - The Media

I	F	I	N	A	N	C	I	A	M	E	N	T	O	Ç
N	K	L	Z	D	U	J	E	D	E	R	Ç	X	I	E
D	A	Y	C	O	Ã	Ç	A	C	I	N	U	M	O	C
I	D	O	D	O	A	V	S	N	E	G	A	M	I	S
V	P	Ú	B	L	I	C	O	Z	N	W	I	G	S	P
I	E	E	E	A	R	B	T	N	I	Q	P	T	I	F
D	D	D	C	U	T	Q	A	N	L	G	Y	G	A	S
U	I	U	R	T	S	I	F	O	N	V	Y	O	N	L
A	Ç	C	B	C	Ú	R	D	Ã	O	F	B	X	R	A
L	Ã	A	S	E	D	U	T	I	T	A	O	O	O	C
Y	O	Ç	R	L	N	J	V	N	J	R	G	T	J	O
D	G	Ã	P	E	I	V	Ç	I	P	N	Á	Z	O	L
E	A	O	B	T	P	Z	O	P	C	S	B	D	U	S
P	Y	J	P	N	I	E	D	O	N	T	K	Q	I	Q
D	I	M	F	I	C	O	M	E	R	C	I	A	L	O

ATITUDES
COMERCIAL
COMUNICAÇÃO
DIGITAL
EDIÇÃO
EDUCAÇÃO
FATOS
FINANCIAMENTO
IMAGENS
INDIVIDUAL
INDÚSTRIA
INTELECTUAL
LOCAL
REDE
JORNAIS
ONLINE
OPINIÃO
FOTOS
PÚBLICO
RÁDIO

71 - Boats

X	N	R	R	Z	L	E	M	D	N	O	V	O	Z	T
W	P	K	M	O	O	L	H	O	Á	O	E	T	A	I
A	H	E	Z	J	C	I	Ç	C	U	X	L	P	P	K
C	Y	Z	X	U	E	N	R	A	T	N	E	X	K	D
C	S	J	C	S	A	I	Ó	B	I	E	I	M	N	D
I	O	G	A	L	N	D	M	L	C	U	R	A	M	P
H	R	R	O	T	O	M	A	B	O	Q	O	S	Y	Q
D	I	D	D	F	Q	D	R	G	Z	A	E	T	O	B
W	E	K	L	A	D	Z	O	N	N	I	I	R	J	G
C	H	B	A	L	S	A	C	W	M	A	J	O	S	Ç
A	N	B	R	O	Z	P	N	O	A	C	J	R	Ç	B
N	I	A	G	J	D	U	Â	K	R	J	D	G	K	X
O	R	T	R	I	P	U	L	A	Ç	Ã	O	Ç	H	H
A	A	F	O	Z	B	A	Z	Q	O	U	V	N	V	L
F	M	L	R	L	U	D	I	W	B	J	S	H	V	A

ÂNCORA
BÓIA
CANOA
TRIPULAÇÃO
DOCA
MOTOR
BALSA
CAIAQUE
LAGO
BOTE
MASTRO
NÁUTICO
OCEANO
JANGADA
RIO
CORDA
VELEIRO
MARINHEIRO
MAR
IATE

72 - Activities and Leisure

V	O	L	E	I	B	O	L	Y	M	N	C	S	R	B
A	R	U	T	N	I	P	S	D	E	A	A	U	E	O
W	R	O	D	O	U	F	Q	M	R	T	M	R	L	X
H	S	T	A	R	M	C	H	E	G	A	I	F	A	E
C	N	U	E	F	L	O	G	G	U	Ç	N	E	X	B
B	A	S	Q	U	E	T	E	A	L	Ã	H	D	A	Q
N	J	N	V	Q	T	T	V	N	H	O	A	D	N	C
B	E	I	S	E	B	O	L	I	O	B	D	C	T	O
H	N	Q	J	G	Z	O	O	D	A	G	A	B	E	R
L	O	T	E	I	P	Z	B	R	W	G	N	Q	W	R
M	S	B	R	F	X	H	E	A	C	S	E	P	X	I
N	T	T	B	S	H	Z	T	J	U	B	M	M	Z	D
S	Z	H	K	I	Q	F	U	W	N	V	H	M	C	A
Z	E	Ç	D	D	E	W	F	M	X	J	T	K	X	N
P	J	P	B	N	Ç	S	I	N	Ê	T	C	A	Y	O

ARTE
BEISEBOL
BASQUETE
BOXE
MERGULHO
PESCA
JARDINAGEM
GOLFE
CAMINHADA
HOBBIES
PINTURA
CORRIDA
RELAXANTE
FUTEBOL
SURFE
NATAÇÃO
TÊNIS
VIAGEM
VOLEIBOL

73 - Driving

C	A	D	A	R	T	S	E	B	Y	U	L	L	A	P
L	A	C	C	O	M	B	U	S	T	Í	V	E	L	E
H	Q	M	I	C	O	K	E	Á	L	P	W	N	M	D
Q	J	Q	I	D	R	B	N	G	B	R	U	Ú	A	E
L	B	I	Z	N	E	H	P	I	D	U	H	T	P	S
T	S	C	E	Q	H	N	M	O	T	O	R	R	A	T
L	O	R	R	A	C	Ã	T	S	Z	W	J	I	O	R
C	I	F	O	I	K	A	O	E	G	P	N	P	K	E
P	E	C	G	M	O	T	O	R	I	S	T	A	Y	S
E	R	Z	E	D	I	P	A	R	A	A	E	O	K	C
R	F	K	F	N	G	A	R	A	G	E	M	M	X	L
I	X	M	Á	A	Ç	N	A	R	U	G	E	S	H	Z
G	U	R	R	W	V	A	P	O	L	Í	C	I	A	R
O	M	P	T	M	O	T	O	C	I	C	L	E	T	A
P	E	T	A	F	G	Z	F	X	R	Z	T	Z	D	B

ACIDENTE
FREIOS
CARRO
PERIGO
MOTORISTA
COMBUSTÍVEL
GARAGEM
GÁS
LICENÇA
MAPA
MOTOR
MOTOCICLETA
PEDESTRE
POLÍCIA
ESTRADA
SEGURANÇA
RAPIDEZ
TRÁFEGO
CAMINHÃO
TÚNEL

74 - Biology

O	Ç	M	A	C	Z	T	Y	E	T	E	P	P	A	U
K	E	X	A	M	O	S	S	O	M	O	R	C	N	M
N	S	K	G	G	Ã	L	A	R	U	T	A	N	A	H
D	O	W	V	L	Ç	E	A	X	Y	P	M	Ç	T	O
O	I	N	Ô	R	U	E	N	G	P	H	N	P	O	R
R	B	S	I	X	L	S	A	Z	É	E	H	K	M	M
E	M	L	P	M	O	O	I	C	I	N	T	A	I	O
F	I	T	B	Y	V	M	P	Q	V	M	I	K	A	N
Í	S	J	Ç	O	E	S	R	B	C	U	A	O	C	A
M	U	T	A	Ç	Ã	O	É	N	E	R	V	O	É	F
A	N	Í	E	T	O	R	P	U	Z	F	J	Y	L	A
M	D	S	A	I	R	É	T	C	A	B	Q	A	U	C
D	P	Z	V	B	O	Ã	I	R	B	M	E	G	L	A
S	I	N	A	P	S	E	L	E	U	K	M	R	A	S
Y	F	O	T	O	S	S	Í	N	T	E	S	E	F	E

ANATOMIA
BACTÉRIAS
CÉLULA
CROMOSSOMA
COLAGÉNIO
EMBRIÃO
ENZIMA
EVOLUÇÃO
HORMONA
MAMÍFERO
MUTAÇÃO
NATURAL
NERVO
NEURÔNIO
OSMOSE
FOTOSSÍNTESE
PROTEÍNA
RÉPTIL
SIMBIOSE
SINAPSE

75 - Professions #2

I	D	E	N	T	I	S	T	A	P	F	C	L	Q	I
M	L	R	O	T	L	U	C	I	R	G	A	I	F	N
P	É	U	W	M	O	H	L	T	O	F	D	N	I	V
M	I	D	S	X	E	P	O	J	F	I	E	G	S	E
C	A	L	I	T	A	V	K	J	E	L	T	U	C	N
T	L	Z	O	C	R	U	E	C	S	Ó	E	I	D	T
O	C	R	H	T	O	A	H	Q	S	S	T	S	O	O
E	Q	Y	M	X	O	Ç	D	P	O	O	I	T	Ã	R
V	B	I	Ó	L	O	G	O	O	R	F	V	A	I	D
F	O	T	Ó	G	R	A	F	O	R	O	E	S	G	Q
A	S	T	R	O	N	A	U	T	A	Y	T	G	R	E
Z	O	Ó	L	O	G	O	P	I	N	T	O	R	U	Q
J	G	M	P	Ç	E	N	G	E	N	H	E	I	R	O
Q	B	O	I	R	Á	C	E	T	O	I	L	B	I	B
U	K	C	J	A	R	D	I	N	E	I	R	O	C	B

ASTRONAUTA
BIÓLOGO
DENTISTA
DETETIVE
ENGENHEIRO
AGRICULTOR
JARDINEIRO
ILUSTRADOR
INVENTOR
BIBLIOTECÁRIO
LINGUISTA
PINTOR
FILÓSOFO
FOTÓGRAFO
MÉDICO
PILOTO
CIRURGIÃO
PROFESSOR
ZOÓLOGO

76 - Mythology

M	L	C	R	I	A	Ç	Ã	O	F	O	M	N	O	L
S	E	M	Ú	I	C	V	C	G	T	V	O	J	J	A
V	N	N	G	O	A	T	P	Y	Ç	S	N	Y	G	B
I	D	F	J	T	A	R	P	Ç	F	J	S	M	X	I
C	A	I	H	N	K	U	Q	E	O	L	T	H	T	R
A	O	W	N	E	H	E	S	U	I	Ó	R	E	H	I
R	E	L	Â	M	P	A	G	O	É	S	O	E	L	N
U	W	V	P	A	D	Ç	R	L	A	T	R	O	M	T
T	T	I	Z	T	Z	E	H	U	É	C	I	X	O	O
L	X	N	U	R	Q	Ç	S	Q	T	X	P	P	A	Z
U	Z	G	P	O	V	J	A	A	Q	A	Ç	R	O	F
C	K	A	C	P	E	R	W	X	S	F	I	Y	S	I
O	L	N	U	M	T	Y	M	I	R	T	A	R	Z	K
D	Q	Ç	T	O	J	S	A	Ç	N	E	R	C	C	P
D	Q	A	B	C	T	R	O	V	Ã	O	W	E	P	N

ARQUÉTIPO
COMPORTAMENTO
CRENÇAS
CRIAÇÃO
CRIATURA
CULTURA
DESASTRE
CÉU
HERÓI
CIÚMES
LABIRINTO
LENDA
RELÂMPAGO
MONSTRO
MORTAL
VINGANÇA
FORÇA
TROVÃO

77 - Agronomy

E	P	O	L	U	I	Ç	Ã	O	G	U	Z	I	B	P
R	C	I	Ê	N	C	I	A	P	M	Y	K	D	H	F
O	C	N	E	R	A	I	G	O	L	O	C	E	H	E
S	A	G	R	I	C	U	L	T	U	R	A	N	M	R
Ã	B	P	X	W	A	J	G	E	V	W	L	T	G	T
O	Ã	Ç	U	D	O	R	P	Á	T	C	E	I	E	I
C	R	E	S	C	I	M	E	N	T	O	G	F	N	L
T	E	M	S	D	O	E	N	Ç	A	S	U	I	E	I
L	R	U	R	A	L	W	T	O	Y	U	M	C	R	Z
A	N	W	S	E	M	E	N	T	E	S	E	A	G	A
L	P	P	T	C	K	E	E	O	G	E	S	Ç	I	N
P	L	A	N	T	A	S	T	V	I	G	P	Ã	A	T
A	M	B	I	E	N	T	E	S	E	T	S	O	S	E
O	R	G	Â	N	I	C	O	W	I	Z	M	T	K	U
E	S	T	U	D	O	N	F	R	D	S	T	H	J	X

AGRICULTURA
DOENÇAS
ECOLOGIA
ENERGIA
AMBIENTE
EROSÃO
FERTILIZANTE
CRESCIMENTO
IDENTIFICAÇÃO
ORGÂNICO
PLANTAS
POLUIÇÃO
PRODUÇÃO
RURAL
CIÊNCIA
SEMENTES
ESTUDO
SISTEMAS
LEGUMES
ÁGUA

78 - Hair Types

O	W	O	S	S	O	R	G	L	E	T	A	V	P	L
N	S	B	V	A	Z	N	I	C	O	U	C	K	R	O
D	A	E	S	O	U	O	A	U	P	I	E	X	E	N
U	Ç	T	C	M	O	D	A	Ç	N	A	R	T	T	G
L	N	N	O	O	C	A	Á	W	F	E	A	O	O	O
A	A	A	L	R	N	L	V	V	C	A	C	H	O	S
D	R	H	W	R	A	O	G	G	E	C	U	R	T	O
O	T	L	H	A	R	C	F	J	Q	L	X	T	A	N
K	M	I	C	M	B	A	Y	D	C	O	L	O	R	I
H	W	R	D	Y	F	R	S	V	F	C	H	W	B	F
J	H	B	S	J	W	A	G	T	E	M	G	R	O	M
M	W	Q	S	R	F	C	L	N	G	F	Y	G	C	Z
J	F	Q	N	A	B	N	F	M	V	Ç	R	T	Z	E
F	W	T	Ç	F	Z	E	V	A	U	S	Ç	G	C	C
B	Q	L	L	Y	W	J	Y	Z	W	L	L	O	M	O

CARECA
PRETO
LOIRO
TRANÇADO
TRANÇAS
MARROM
COLORI
CACHOS
ENCARACOLADO
SECO
CINZA
SAUDÁVEL
LONGO
BRILHANTE
CURTO
SUAVE
GROSSO
FINO
ONDULADO
BRANCO

79 - Garden

C	B	F	K	M	Y	Z	N	U	G	Z	U	P	G	F
M	E	H	Q	J	Z	G	Á	R	V	O	R	E	E	B
I	X	R	S	Q	P	A	N	Y	W	I	U	C	P	A
C	Ç	M	C	S	J	B	Z	A	J	P	Á	X	H	N
Q	B	K	I	A	R	I	E	U	G	N	A	M	M	C
V	F	O	I	P	R	D	J	U	K	O	R	Z	A	O
L	A	H	Y	U	O	H	N	I	C	N	A	Z	C	D
A	J	R	G	A	L	M	E	G	A	R	A	G	A	A
G	A	T	A	M	O	S	A	F	O	P	A	B	W	M
O	R	D	S	N	S	A	W	R	G	R	A	M	A	A
A	D	Y	L	I	D	M	C	Ç	Y	M	I	U	Ç	R
F	I	J	Q	V	Q	A	V	I	D	E	I	R	A	G
L	M	I	L	O	P	M	A	R	T	E	U	P	Q	E
O	G	A	R	B	U	S	T	O	Ç	A	R	R	E	T
R	X	J	R	P	O	T	I	J	C	O	E	K	L	R

BANCO
ARBUSTO
CERCA
FLOR
GARAGEM
JARDIM
GRAMA
MACA
MANGUEIRA
GRAMADO
POMAR
LAGOA
VARANDA
ANCINHO
PÁ
SOLO
TERRAÇO
TRAMPOLIM
ÁRVORE
VIDEIRA

80 - Diplomacy

C	O	M	U	N	I	D	A	D	E	S	G	L	D	Q
D	C	D	C	E	D	A	D	I	R	G	E	T	N	I
I	I	I	O	E	T	Ç	E	Y	U	D	D	D	D	C
S	V	P	O	M	R	N	U	W	U	X	I	Y	W	O
C	Í	L	P	B	A	A	C	I	T	Í	L	O	P	N
U	C	O	E	A	T	R	S	J	J	I	T	X	M	S
S	O	M	R	I	A	U	E	O	U	U	J	Q	D	U
S	T	Á	A	X	D	G	J	S	L	S	J	T	Y	L
Ã	I	T	Ç	A	O	E	E	O	O	U	T	R	I	T
O	L	I	Ã	D	O	S	G	Ã	F	L	Ç	I	R	O
E	F	C	O	O	Ç	D	G	D	U	Ç	U	Ã	Ç	R
X	N	O	U	R	Z	P	Y	A	F	Q	V	Ç	O	A
G	O	V	E	R	N	O	I	D	I	Ç	X	E	Ã	L
M	C	P	X	A	D	A	X	I	A	B	M	E	V	O
J	V	D	Y	M	X	P	A	C	I	T	É	D	P	S

CONSULTOR
EMBAIXADOR
CIDADÃOS
CÍVICO
COMUNIDADE
CONFLITO
COOPERAÇÃO
DIPLOMÁTICO
DISCUSSÃO
EMBAIXADA
ÉTICA
GOVERNO
INTEGRIDADE
JUSTIÇA
POLÍTICA
RESOLUÇÃO
SEGURANÇA
SOLUÇÃO
TRATADO

81 - Countries #1

A	I	N	Ô	L	O	P	E	Q	B	X	O	F	K	S
I	L	V	O	N	S	K	I	G	J	P	S	E	X	E
N	E	E	X	O	A	L	G	G	I	I	O	M	C	N
Ô	A	R	M	Q	I	A	C	A	M	T	C	X	Ç	E
T	R	U	Ç	A	D	C	P	I	B	Y	O	U	X	G
E	S	V	U	G	N	E	F	A	N	F	R	O	B	A
L	I	E	I	E	Â	H	S	G	Á	R	R	B	R	L
M	V	N	T	U	L	B	A	P	D	Q	A	S	A	V
F	S	E	Á	R	N	S	Y	W	A	W	M	W	S	I
N	I	Z	L	O	I	F	L	O	N	N	I	T	I	E
Q	U	U	I	N	F	K	O	F	A	X	H	W	L	T
P	M	E	A	U	G	Á	R	A	C	I	N	A	W	N
H	L	L	R	I	R	A	Q	U	E	X	E	Y	Z	Ã
Z	B	A	R	O	M	Ê	N	I	A	I	B	Í	L	K
L	F	S	Q	I	X	Q	P	A	N	A	M	Á	N	H

BRASIL
CANADÁ
EGITO
FINLÂNDIA
ALEMANHA
IRAQUE
ISRAEL
ITÁLIA
LETÔNIA
LÍBIA
MARROCOS
NICARÁGUA
NORUEGA
PANAMÁ
POLÔNIA
ROMÊNIA
SENEGAL
ESPANHA
VENEZUELA
VIETNÃ

82 - Immigration

A	D	M	I	N	I	S	T	R	A	Ç	Ã	O	Y	C
F	R	O	N	T	E	I	R	A	S	L	W	H	A	O
T	B	U	Ç	P	J	H	P	Y	O	K	Ç	L	V	M
H	X	Q	E	E	R	R	O	U	T	P	I	A	U	U
C	O	T	N	E	M	A	I	C	N	A	N	I	F	N
N	R	R	F	P	B	I	Z	T	E	D	V	C	L	I
H	E	I	F	R	S	Y	K	O	M	U	X	I	X	C
A	L	G	A	G	B	L	E	I	U	J	Q	F	L	A
B	Y	L	O	N	Y	U	C	B	C	A	X	O	I	Ç
I	Q	Í	Ã	C	Ç	J	I	D	O	N	K	N	R	Ã
T	K	N	Ç	D	I	A	U	J	D	M	Q	L	U	O
A	U	G	U	I	B	A	S	O	T	L	U	D	A	W
Ç	O	U	L	O	O	Ã	Ç	A	U	T	I	S	K	F
Ã	Q	A	O	R	G	U	O	Ã	Ç	E	T	O	R	P
O	O	S	S	E	C	O	R	P	O	L	T	I	A	M

ADMINISTRAÇÃO
ADULTOS
AJUDA
FRONTEIRAS
CRIANÇAS
COMUNICAÇÃO
PRAZO
DOCUMENTOS
FINANCIAMENTO
HABITAÇÃO
LÍNGUA
LEI
NEGOCIAÇÃO
OFICIAL
PROCESSO
PROTEÇÃO
SITUAÇÃO
SOLUÇÃO

83 - Adjectives #1

A	R	O	M	Á	T	I	C	O	D	A	S	E	P	S
B	I	Y	O	R	A	C	N	G	M	L	V	Z	T	U
L	I	T	Ú	M	Z	L	U	F	F	E	V	G	G	I
E	Q	J	R	I	A	Ç	D	W	E	B	R	E	V	Z
N	O	S	T	Z	D	M	W	X	L	Q	O	N	A	U
T	W	M	B	E	U	Ê	B	K	I	Z	P	E	L	H
O	T	S	E	N	O	H	N	I	Z	E	P	R	I	K
O	I	L	W	W	F	C	O	T	C	O	K	O	O	A
K	B	R	N	W	K	Q	T	G	I	I	G	S	S	T
O	X	Ç	É	E	S	C	U	R	O	C	O	O	O	R
F	I	N	O	S	X	I	L	Y	B	B	O	S	X	A
E	X	Ó	T	I	C	O	O	Q	V	H	F	D	O	E
S	Z	I	O	C	I	T	S	Í	T	R	A	F	A	N
M	O	D	E	R	N	O	B	T	V	F	V	S	L	T
R	X	I	K	E	T	N	A	T	R	O	P	M	I	E

ABSOLUTO
AMBICIOSO
AROMÁTICO
ARTÍSTICO
ATRAENTE
BELA
ESCURO
EXÓTICO
GENEROSO
FELIZ
PESADO
ÚTIL
HONESTO
IDÊNTICO
IMPORTANTE
MODERNO
SÉRIO
LENTO
FINO
VALIOSO

84 - Rainforest

N	A	T	U	R	E	Z	A	D	Z	Ç	R	Y	M	R
D	M	Y	B	L	B	A	M	I	L	C	L	J	N	E
V	A	I	C	N	Ê	V	I	V	E	R	B	O	S	F
I	N	D	Í	G	E	N	A	E	M	Ç	K	Y	J	Ú
I	L	R	B	V	D	S	O	R	A	S	S	Á	P	G
N	E	E	O	A	A	Y	O	S	N	E	V	U	N	I
S	S	S	T	L	D	Z	G	I	L	Z	P	O	L	O
E	P	P	Â	I	I	K	S	D	B	Q	K	Ç	S	M
T	É	E	N	O	N	L	U	A	G	Í	C	I	U	J
O	C	I	I	S	U	X	M	D	H	Z	F	B	V	O
S	I	T	C	O	M	N	X	E	H	Y	T	N	Q	X
W	E	O	O	S	O	Z	X	K	P	Y	X	B	A	A
K	S	S	N	K	C	M	Q	S	E	L	V	A	S	T
R	C	M	A	M	Í	F	E	R	O	S	O	F	X	M
P	R	E	S	E	R	V	A	Ç	Ã	O	Q	N	M	K

ANFÍBIOS
PÁSSAROS
BOTÂNICO
CLIMA
NUVENS
COMUNIDADE
DIVERSIDADE
INDÍGENA
INSETOS
SELVA
MAMÍFEROS
MUSGO
NATUREZA
PRESERVAÇÃO
REFÚGIO
RESPEITO
ESPÉCIES
SOBREVIVÊNCIA
VALIOSO

85 - Global Warming

L	P	Q	E	G	N	I	O	C	I	T	R	Á	A	H
E	O	L	Z	L	A	T	N	E	I	B	M	A	T	A
G	P	Ç	Q	Z	R	B	R	D	I	N	I	Q	E	B
I	U	G	O	F	O	J	E	L	Ú	M	N	N	N	I
S	L	U	Ç	D	G	L	V	Z	K	S	Á	G	Ç	T
L	A	Y	V	J	A	P	O	I	E	I	T	D	Ã	A
A	Ç	M	M	C	E	F	G	F	J	H	U	R	O	T
Ç	Õ	X	E	R	H	B	A	K	U	L	M	C	I	S
Ã	E	K	Q	I	D	A	D	O	S	T	C	Ç	Ç	A
O	S	A	T	S	I	T	N	E	I	C	U	I	D	I
Y	A	S	S	E	Õ	Ç	A	R	E	G	C	R	W	G
S	M	F	C	W	X	R	V	Ç	N	U	L	U	O	R
Z	G	W	P	S	G	Z	A	Ç	B	P	I	O	C	E
K	J	Z	D	V	C	F	T	U	E	S	M	R	O	N
K	E	S	N	X	Q	E	D	S	Q	J	A	X	H	E

ÁRTICO
ATENÇÃO
CLIMA
CRISE
DADOS
ENERGIA
AMBIENTAL
FUTURO
GÁS
GERAÇÕES
GOVERNO
HABITATS
INDÚSTRIA
LEGISLAÇÃO
AGORA
POPULAÇÕES
CIENTISTA

86 - Landscapes

P	Q	E	F	A	E	H	D	W	L	X	X	D	X	C
G	O	D	S	O	N	A	T	N	Â	P	T	E	P	A
W	Y	J	T	S	C	R	U	K	T	G	P	S	G	V
R	L	U	U	J	B	E	A	O	M	D	V	E	P	E
I	Y	J	N	W	F	S	A	I	A	R	P	R	E	R
O	O	O	D	U	C	Y	J	N	R	Y	H	T	N	N
K	V	G	R	E	B	E	C	I	O	K	K	O	Í	A
M	A	R	A	O	G	G	U	N	Ç	B	Y	G	N	H
N	R	S	N	L	J	L	U	C	K	F	C	V	S	N
Y	I	I	I	R	T	V	A	L	E	F	A	V	U	A
C	E	S	L	E	X	Ç	N	G	G	Z	Z	U	L	T
N	L	Á	O	H	X	G	R	R	H	K	Z	L	A	N
M	E	O	C	A	A	T	A	C	S	A	C	C	K	O
J	G	D	W	Y	A	G	Z	F	Ç	K	Z	Ã	Q	M
D	O	O	Ç	J	A	L	N	A	H	W	I	O	K	G

PRAIA
CAVERNA
DESERTO
GEYSER
GELEIRA
COLINA
ICEBERG
ILHA
LAGO
MONTANHA
OÁSIS
OCEANO
PENÍNSULA
RIO
MAR
PÂNTANO
TUNDRA
VALE
VULCÃO
CASCATA

87 - Visual Arts

F	O	T	O	G	R	A	F	I	A	F	Z	J	V	N
A	R	G	I	L	A	C	A	W	T	C	I	C	E	V
U	G	Z	Y	E	R	R	J	F	G	E	G	L	E	Q
W	Z	N	F	S	U	I	O	L	H	R	T	A	M	J
Z	F	L	R	C	T	A	L	E	K	Â	M	Ç	N	E
J	P	C	M	U	E	T	V	P	P	M	M	X	O	O
V	Q	F	N	L	T	I	R	T	S	I	P	Á	L	B
E	K	B	U	T	I	V	R	C	P	C	W	N	Q	R
C	S	A	H	U	U	I	E	A	I	A	Ç	N	M	A
E	A	T	E	R	Q	D	T	V	N	T	F	G	L	P
V	Q	R	Ê	A	R	A	R	A	T	E	P	J	L	R
I	G	I	V	N	A	D	A	L	U	N	V	N	M	I
C	E	R	A	Ã	C	E	T	E	R	A	H	R	B	M
A	I	A	R	C	O	I	O	T	A	C	V	J	G	A
A	R	T	I	S	T	A	L	E	Y	U	M	J	F	F

ARQUITETURA
ARTISTA
CERÂMICA
GIZ
CARVÃO
ARGILA
CRIATIVIDADE
CAVALETE
FILME
OBRA-PRIMA
PINTURA
CANETA
LÁPIS
FOTOGRAFIA
RETRATO
ESCULTURA
ESTÊNCIL
CERA

88 - Plants

B	R	R	P	F	U	V	U	B	M	U	S	G	O	M
R	O	T	S	U	B	R	A	R	O	L	F	T	U	R
I	A	T	K	A	M	Q	F	O	L	H	A	G	E	M
K	N	I	Â	F	A	H	C	A	U	L	E	Á	G	I
H	X	J	Z	N	B	F	T	H	C	R	B	R	R	D
F	N	R	Y	A	I	S	A	E	H	Q	X	V	A	R
T	E	G	P	Q	G	C	I	R	J	J	M	O	M	A
P	G	I	Ç	W	J	U	A	A	G	Y	O	R	A	J
O	B	H	J	C	O	Ã	Ç	A	T	E	G	E	V	S
U	Q	Ç	Q	Ã	I	Z	Q	L	T	M	D	T	Q	F
F	R	X	T	Z	O	T	C	A	C	Y	D	X	K	B
L	P	R	B	B	A	G	A	T	S	E	R	O	L	F
O	C	R	J	H	C	A	V	É	B	I	G	Y	I	C
R	Ç	Q	O	C	P	N	B	P	U	Y	D	E	N	U
F	E	R	T	I	L	I	Z	A	N	T	E	Q	L	L

BAMBU
FEIJÃO
BAGA
BOTÂNICA
ARBUSTO
CACTO
FERTILIZANTE
FLORA
FLOR
FOLHAGEM
FLORESTA
JARDIM
GRAMA
HERA
MUSGO
PÉTALA
RAIZ
CAULE
ÁRVORE
VEGETAÇÃO

89 - Countries #2

E	T	I	Ó	P	I	A	U	G	X	W	P	Q	N	R
E	U	P	L	A	O	C	P	G	C	C	H	D	E	Ú
M	Y	R	P	W	A	I	A	U	A	Q	E	B	P	S
F	D	P	H	Q	L	A	Q	C	M	N	Q	L	A	S
K	Ç	Q	E	E	B	M	U	R	T	U	D	M	L	I
H	N	K	V	B	Â	A	I	Â	A	O	W	A	C	A
S	Í	R	I	A	N	J	S	N	Q	W	V	S	X	C
O	Ã	P	A	J	I	W	T	I	K	R	Y	D	V	R
A	J	S	B	T	A	G	Ã	A	H	S	L	U	O	A
L	I	L	Y	E	M	D	O	H	J	A	K	T	Y	M
U	X	L	O	N	I	G	É	R	I	A	I	R	Y	A
O	U	K	Á	L	I	B	É	R	I	A	V	T	J	N
W	F	E	W	M	M	É	X	I	C	O	J	U	I	I
L	Í	B	A	N	O	Ã	D	U	S	I	Ç	W	S	D
G	R	É	C	I	A	S	M	J	Z	S	X	Q	Z	Q

ALBÂNIA
DINAMARCA
ETIÓPIA
GRÉCIA
HAITI
JAMAICA
JAPÃO
LAOS
LÍBANO
LIBÉRIA
MÉXICO
NEPAL
NIGÉRIA
PAQUISTÃO
RÚSSIA
SOMÁLIA
SUDÃO
SÍRIA
UGANDA
UCRÂNIA

90 - Ecology

M	S	E	I	C	É	P	S	E	N	J	F	A	R	V
T	A	T	I	B	A	H	A	K	A	I	S	G	E	E
C	H	R	V	L	C	T	T	Ç	T	L	O	S	C	G
K	N	Ç	I	Q	E	M	N	G	U	E	B	E	U	E
T	A	W	M	N	S	F	A	T	R	V	R	H	R	T
W	T	X	U	W	H	E	L	E	E	Á	E	N	S	A
O	N	S	C	K	Ç	O	P	F	Z	T	V	A	O	Ç
Y	O	X	P	S	Y	W	B	G	A	N	I	M	S	Ã
G	M	F	E	D	A	D	I	S	R	E	V	I	D	O
K	L	A	R	U	T	A	N	Ç	Q	T	Ê	L	L	Y
F	B	O	F	G	B	N	R	Z	O	S	N	C	T	M
Q	N	K	B	C	U	U	I	O	A	U	C	U	J	O
S	H	O	U	A	N	A	P	B	L	S	I	C	A	D
Q	E	T	F	C	L	F	J	S	X	F	A	G	I	X
P	Â	N	T	A	N	O	N	W	S	L	E	A	H	V

CLIMA
DIVERSIDADE
SECA
FAUNA
FLORA
GLOBAL
HABITAT
MARINHO
PÂNTANO
MONTANHAS
NATURAL
NATUREZA
PLANTAS
RECURSOS
ESPÉCIES
SOBREVIVÊNCIA
SUSTENTÁVEL
VEGETAÇÃO

91 - Adjectives #2

D	Y	Y	T	S	N	Y	Y	T	D	C	W	D	G	F
J	Ç	H	M	A	N	A	E	X	C	O	M	E	A	A
Y	K	J	Q	L	Ç	W	T	S	H	V	E	S	W	M
Ç	N	J	R	G	Y	B	R	U	D	I	G	C	S	O
Ç	O	E	Q	A	O	V	O	O	R	T	A	R	O	S
G	V	C	H	D	I	T	F	Y	U	A	V	I	R	O
L	O	B	B	O	C	E	S	B	N	I	L	T	G	T
E	L	E	G	A	N	T	E	S	P	R	E	I	U	N
F	A	M	I	N	T	O	J	V	Ç	C	S	V	L	E
Q	U	E	N	T	E	V	R	N	V	H	Z	O	H	L
A	U	T	Ê	N	T	I	C	O	Ç	H	F	D	O	O
P	R	O	D	U	T	I	V	O	P	I	X	A	S	N
I	N	T	E	R	E	S	S	A	N	T	E	T	O	O
S	A	U	D	Á	V	E	L	D	W	B	Q	O	G	S
R	E	S	P	O	N	S	Á	V	E	L	N	D	N	E

AUTÊNTICO
CRIATIVO
DESCRITIVO
SECO
ELEGANTE
FAMOSO
DOTADO
SAUDÁVEL
QUENTE
FAMINTO
INTERESSANTE
NATURAL
NOVO
PRODUTIVO
ORGULHOSO
RESPONSÁVEL
SALGADO
SONOLENTO
FORTE
SELVAGEM

92 - Psychology

P	E	N	S	A	M	E	N	T	O	S	S	F	S	I
S	U	B	C	O	N	S	C	I	E	N	T	E	E	N
E	D	A	D	I	L	A	N	O	S	R	E	P	N	F
H	O	Z	T	E	D	A	D	I	L	A	E	R	S	Â
X	F	T	K	G	B	W	W	V	T	A	P	O	A	N
Q	B	Ç	A	O	I	C	O	B	Q	X	W	B	Ç	C
F	G	P	I	I	C	L	Í	N	I	C	O	L	Ã	I
C	O	N	F	L	I	T	O	T	Y	I	G	E	O	A
E	M	O	Ç	Õ	E	S	Ã	R	E	S	J	M	A	J
S	P	E	R	C	E	P	Ç	Ã	O	R	X	A	C	Z
W	O	W	O	Ã	Ç	A	I	L	A	V	A	R	K	L
T	B	N	S	A	I	C	N	Ê	I	R	E	P	X	E
H	J	J	H	R	R	S	G	M	J	X	C	Q	I	A
R	H	F	X	O	K	A	O	L	J	F	M	X	K	A
E	Q	S	Ç	W	S	R	C	Q	R	Z	F	H	Ç	S

AVALIAÇÃO
INFÂNCIA
CLÍNICO
COGNIÇÃO
CONFLITO
SONHOS
EGO
EMOÇÕES
EXPERIÊNCIAS
PERCEPÇÃO
PERSONALIDADE
PROBLEMA
REALIDADE
SENSAÇÃO
SUBCONSCIENTE
TERAPIA
PENSAMENTOS

93 - Math

S	L	C	P	T	D	G	U	O	Ã	Ç	A	U	Q	E
O	I	R	T	R	I	Â	N	G	U	L	O	Ç	H	X
L	A	M	E	Q	Q	O	N	O	G	Í	L	O	P	P
U	R	D	E	T	H	R	D	I	V	I	S	Ã	O	O
G	I	D	I	T	Â	K	S	Z	D	F	V	Ç	C	E
N	T	E	Ç	Â	R	N	T	C	X	X	O	A	R	N
Â	M	C	C	V	M	I	G	R	V	E	L	R	N	T
I	É	I	X	B	Z	E	A	U	Ç	Ç	U	F	Ú	E
H	T	M	A	O	T	P	T	B	L	C	M	B	M	F
S	I	A	G	M	S	B	Y	R	R	O	E	L	E	X
K	C	L	C	R	S	G	W	L	O	I	A	R	R	P
N	A	Q	U	A	D	R	A	D	O	L	F	T	O	B
P	A	R	A	L	E	L	O	G	R	A	M	O	S	U
P	A	R	A	L	E	L	O	L	T	A	D	N	D	D
G	E	O	M	E	T	R	I	A	C	Y	Y	A	Q	H

ÂNGULOS
ARITMÉTICA
DECIMAL
DIÂMETRO
DIVISÃO
EQUAÇÃO
EXPOENTE
FRAÇÃO
GEOMETRIA
NÚMEROS
PARALELO
PARALELOGRAMO
POLÍGONO
RAIO
RETÂNGULO
QUADRADO
SIMETRIA
TRIÂNGULO
VOLUME

94 - Business

A	A	V	V	R	C	Q	M	M	P	J	O	K	H	C
E	I	R	H	O	U	J	E	O	L	X	R	Y	P	W
F	M	S	B	D	S	E	R	E	R	S	Ç	P	P	S
L	O	P	O	A	T	Y	C	D	O	U	A	J	O	L
O	N	H	R	G	O	O	A	A	E	X	M	M	F	D
I	O	X	I	E	G	A	D	N	E	V	E	B	I	E
R	C	A	E	R	S	E	O	A	I	E	N	B	N	S
Ó	E	P	H	P	J	A	R	C	G	Z	T	I	A	C
T	V	Y	N	M	C	Q	I	A	U	E	O	U	N	O
I	A	R	I	E	R	R	A	C	Q	G	R	J	Ç	N
R	E	N	D	I	M	E	N	T	O	X	J	P	A	T
C	I	N	V	E	S	T	I	M	E	N	T	O	M	O
S	F	V	G	E	R	E	N	T	E	Y	M	Ç	X	E
E	F	Á	B	R	I	C	A	R	F	D	Y	N	Ç	W
J	R	G	I	M	P	O	S	T	O	S	O	V	Y	T

ORÇAMENTO
CARREIRA
EMPRESA
CUSTO
MOEDA
DESCONTO
ECONOMIA
EMPREGADO
EMPREGADOR
FÁBRICA
FINANÇA
RENDIMENTO
INVESTIMENTO
GERENTE
MERCADORIA
DINHEIRO
ESCRITÓRIO
VENDA
LOJA
IMPOSTOS

95 - The Company

N	E	G	Ó	C	I	O	A	T	I	E	C	E	R	V
M	P	T	R	O	D	A	V	O	N	I	A	Q	A	N
U	N	I	D	A	D	E	S	G	V	I	P	M	I	A
D	Z	U	Y	Ç	T	Q	M	S	E	N	R	T	V	V
P	R	O	G	R	E	S	S	O	S	D	E	U	C	Ç
R	I	S	C	O	S	R	R	S	T	Ú	S	W	Z	S
O	F	A	L	R	R	N	X	R	I	S	E	O	K	P
D	L	Z	E	A	G	O	B	U	M	T	N	Ã	D	R
E	S	E	Ç	M	B	U	Y	C	E	R	T	Ç	E	O
E	M	P	R	E	G	O	Q	E	N	I	A	A	C	D
N	K	A	J	I	J	R	L	R	T	A	Ç	T	I	U
C	R	I	A	T	I	V	O	G	O	J	Ã	U	S	T
R	W	Q	U	A	L	I	D	A	D	E	O	P	Ã	O
P	O	S	S	I	B	I	L	I	D	A	D	E	O	F
T	E	N	D	Ê	N	C	I	A	S	Z	C	R	V	C

NEGÓCIO
CRIATIVO
DECISÃO
EMPREGO
GLOBAL
INDÚSTRIA
INOVADOR
INVESTIMENTO
POSSIBILIDADE
APRESENTAÇÃO
PRODUTO
PROGRESSO
QUALIDADE
REPUTAÇÃO
RECURSOS
RECEITA
RISCOS
TENDÊNCIAS
UNIDADES

96 - Literature

A	M	V	T	Q	Z	X	F	M	R	Y	I	M	C	B
N	E	N	E	O	M	T	I	R	I	K	P	S	O	M
A	T	A	M	Ã	H	M	K	C	M	H	B	C	N	L
L	Á	R	A	Ç	L	E	C	N	A	M	O	R	C	U
O	F	R	I	A	P	V	Q	A	T	Q	P	D	L	N
G	O	A	F	R	U	Ç	U	E	O	V	J	E	U	R
I	R	D	A	A	U	T	E	U	D	P	E	S	S	N
A	A	O	R	P	D	F	O	K	E	T	S	C	Ã	P
G	F	R	G	M	H	I	P	R	N	P	I	R	O	O
H	C	G	O	O	F	G	Á	O	A	A	L	I	Ã	É
Z	O	Y	I	C	L	H	R	L	E	K	Á	Ç	Ç	T
C	Y	L	B	R	G	P	V	I	O	M	N	Ã	C	I
T	R	A	G	É	D	I	A	T	I	G	A	O	I	C
B	E	T	K	Ç	Q	Z	S	S	Z	U	O	N	F	O
E	Z	C	T	F	U	V	E	E	L	D	L	C	S	P

ANALOGIA
ANÁLISE
ANEDOTA
AUTOR
BIOGRAFIA
COMPARAÇÃO
CONCLUSÃO
DESCRIÇÃO
DIÁLOGO
FICÇÃO
METÁFORA
NARRADOR
ROMANCE
POEMA
POÉTICO
RIMA
RITMO
ESTILO
TEMA
TRAGÉDIA

97 - Geography

M	H	J	R	N	I	M	G	J	Q	C	V	P	D	O
U	M	E	J	W	L	K	O	I	R	D	U	X	K	A
N	E	D	M	U	H	O	Y	N	P	Ç	Q	W	C	L
D	R	U	H	I	A	C	C	K	T	J	W	L	Ç	T
O	I	T	L	Y	S	P	V	E	D	A	D	I	C	I
M	D	I	T	J	A	F	A	P	Y	P	N	Y	S	T
T	I	T	Ç	A	L	N	É	M	L	C	T	H	K	U
P	A	A	T	I	T	C	W	R	L	Z	P	E	A	D
A	N	L	Y	W	A	O	G	Ç	I	V	O	Ç	E	E
Í	O	J	S	Q	D	I	Y	A	S	O	N	Q	U	O
S	G	Q	N	T	E	R	R	I	T	Ó	R	I	O	C
X	Z	Ç	O	C	O	N	T	I	N	E	N	T	E	E
M	A	R	R	Y	L	R	O	E	T	H	J	F	N	A
P	I	W	T	O	U	A	W	I	S	D	Q	U	E	N
F	K	V	E	T	S	E	O	Ã	I	G	E	R	C	O

ALTITUDE
ATLAS
CIDADE
CONTINENTE
PAÍS
HEMISFÉRIO
ILHA
LATITUDE
MAPA
MERIDIANO
MONTANHA
NORTE
OCEANO
REGIÃO
RIO
MAR
SUL
TERRITÓRIO
OESTE
MUNDO

98 - Jazz

B	N	D	Y	M	U	B	L	Á	E	S	T	I	L	O
O	M	B	G	Y	A	O	A	O	D	X	N	A	L	S
Ã	A	T	X	Q	T	S	O	T	I	R	O	V	A	F
Ç	T	T	J	K	N	O	S	R	E	J	M	N	R	T
N	N	A	C	Y	O	M	U	E	S	R	T	G	T	T
A	N	V	L	M	V	A	A	C	A	S	I	P	S	G
C	R	X	J	E	O	F	L	N	F	J	R	A	E	V
A	E	T	M	B	N	F	P	O	N	U	A	T	U	E
X	S	X	I	P	T	T	A	C	Ê	K	N	É	Q	L
C	M	R	G	S	H	C	O	Ç	O	A	O	C	R	H
V	L	C	F	W	T	M	Ú	S	I	C	A	N	O	O
E	O	C	E	P	T	A	B	M	I	B	G	I	A	S
Z	E	C	O	M	P	O	S	I	Ç	Ã	O	C	P	Y
I	M	P	R	O	V	I	S	A	Ç	Ã	O	A	O	X
C	O	M	P	O	S	I	T	O	R	A	C	W	A	D

ÁLBUM
APLAUSO
ARTISTA
COMPOSITOR
COMPOSIÇÃO
CONCERTO
BATERIA
ÊNFASE
FAMOSO
FAVORITOS
IMPROVISAÇÃO
MÚSICA
NOVO
VELHO
ORQUESTRA
RITMO
CANÇÃO
ESTILO
TALENTO
TÉCNICA

99 - Nature

A	N	Ç	S	T	R	Y	Y	T	W	N	S	R	J	F
N	E	L	A	C	I	P	O	R	T	U	E	I	I	O
I	V	U	N	W	C	R	J	E	W	V	R	O	F	L
M	O	X	T	H	T	T	N	Q	D	E	E	Q	J	H
A	E	Z	U	Ç	X	E	V	A	S	N	N	A	U	A
I	I	Ç	Á	D	X	N	B	O	Ã	S	O	R	E	G
S	R	A	R	D	I	N	Â	M	I	C	O	F	J	E
P	O	C	I	T	R	Á	J	B	E	L	E	Z	A	M
G	A	V	O	M	O	N	T	A	N	H	A	S	D	A
B	E	C	I	U	S	Ç	X	C	K	P	Z	F	V	B
E	M	L	Í	T	F	L	O	R	E	S	T	A	I	E
O	O	O	E	F	A	S	E	L	V	A	G	E	M	L
X	Q	J	W	I	I	L	Z	O	Q	U	U	K	R	H
B	A	M	X	M	R	C	Y	A	B	V	Y	Y	K	A
E	Z	Q	M	J	M	A	O	T	R	E	S	E	D	S

ANIMAIS
ÁRTICO
BELEZA
ABELHAS
NUVENS
DESERTO
DINÂMICO
EROSÃO
NEVOEIRO
FOLHAGEM
FLORESTA
GELEIRA
MONTANHAS
PACÍFICO
RIO
SANTUÁRIO
SERENO
TROPICAL
VITAL
SELVAGEM

100 - Vacation #2

R	W	A	N	O	T	N	E	M	A	P	M	A	C	A
Z	E	X	V	D	Ç	J	Y	W	Ç	B	S	R	F	D
U	T	S	P	A	S	S	A	P	O	R	T	E	R	L
U	N	Q	E	I	S	A	H	N	A	T	N	O	M	T
G	A	Q	E	R	A	X	E	P	R	A	I	A	V	E
K	R	B	Y	E	V	Q	O	R	M	A	P	A	I	N
L	U	A	L	F	X	A	N	V	O	C	Z	C	S	D
R	A	V	B	D	L	H	S	G	Z	P	E	U	T	A
O	T	K	I	N	C	L	E	T	O	H	O	R	O	G
M	S	C	P	A	D	I	D	H	Y	D	Z	R	G	I
A	E	Ç	T	X	G	D	E	S	T	I	N	O	T	I
R	R	G	R	T	L	E	F	C	M	X	T	R	O	O
G	N	G	C	L	A	S	M	V	A	Á	R	C	Ç	D
K	J	T	R	A	N	S	P	O	R	T	E	U	T	F
C	L	A	Z	E	R	T	K	S	Q	V	I	Y	W	Q

AEROPORTO
PRAIA
ACAMPAMENTO
DESTINO
FERIADO
HOTEL
ILHA
VIAGEM
LAZER
MAPA
MONTANHAS
PASSAPORTE
RESERVAS
RESTAURANTE
MAR
TÁXI
TENDA
TRANSPORTE
VISTO

1 - Antiques

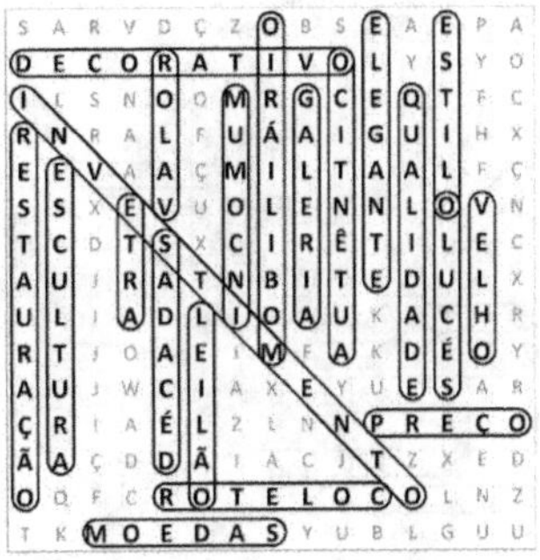

2 - Food #1

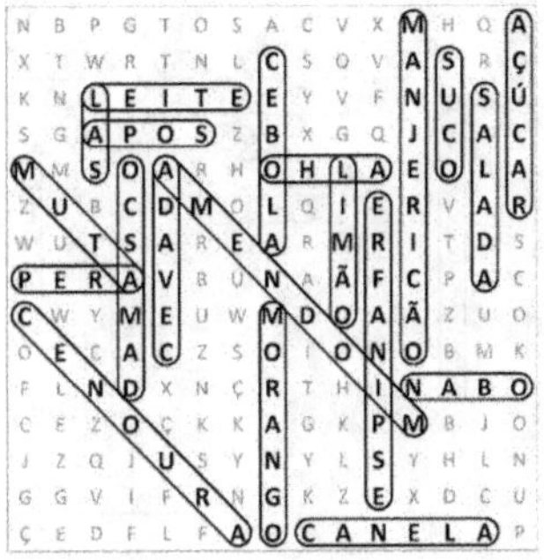

3 - Measurements

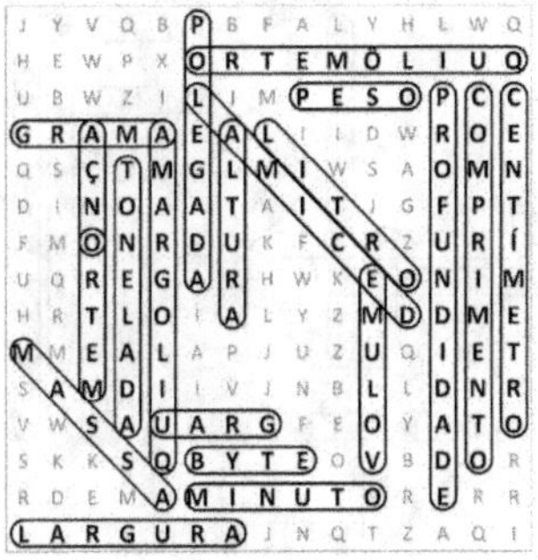

4 - Farm #2

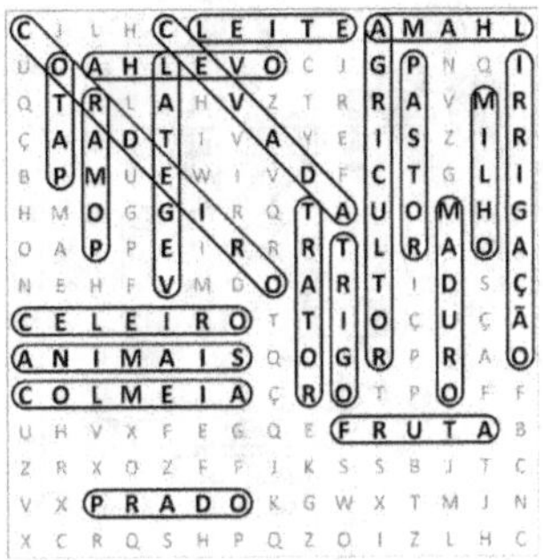

5 - Books

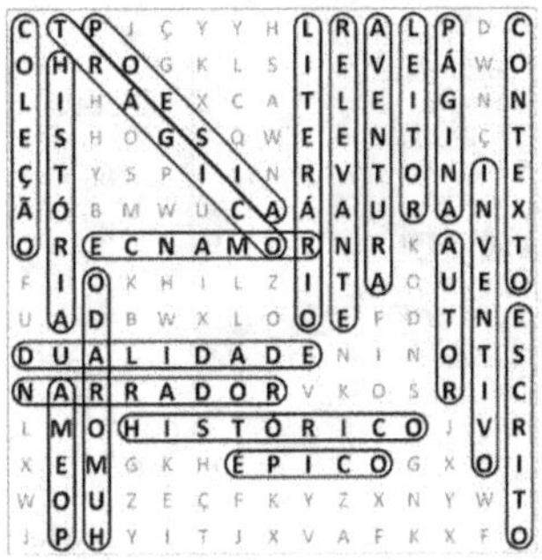

6 - Meditation

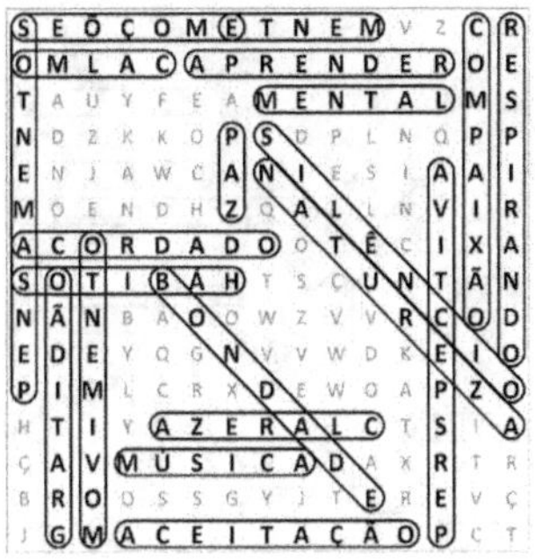

7 - Days and Months

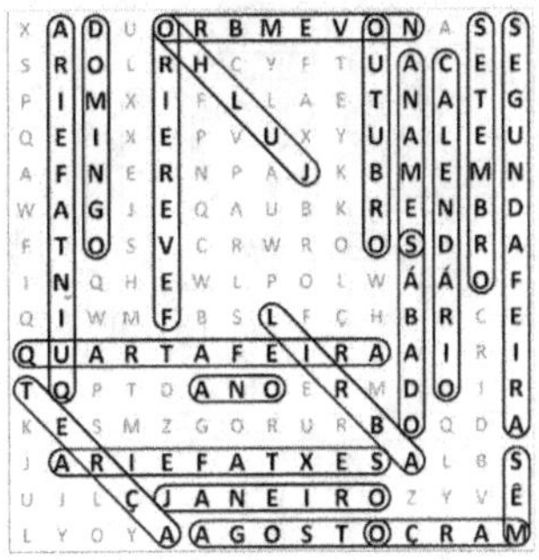

8 - Energy

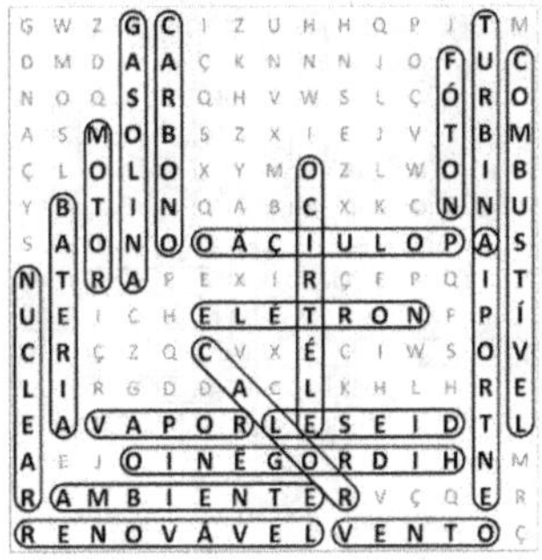

9 - Archeology

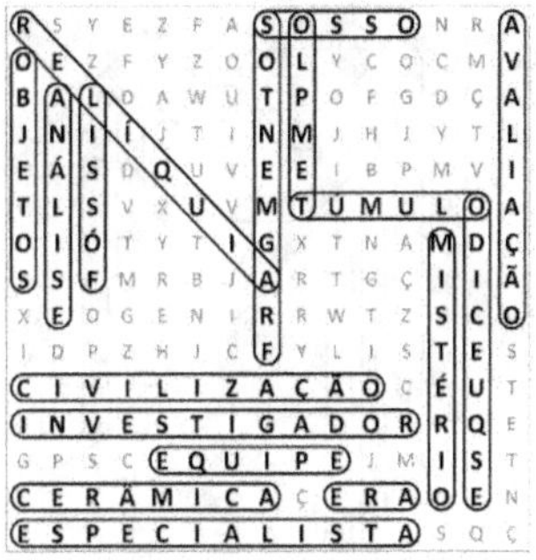

10 - Food #2

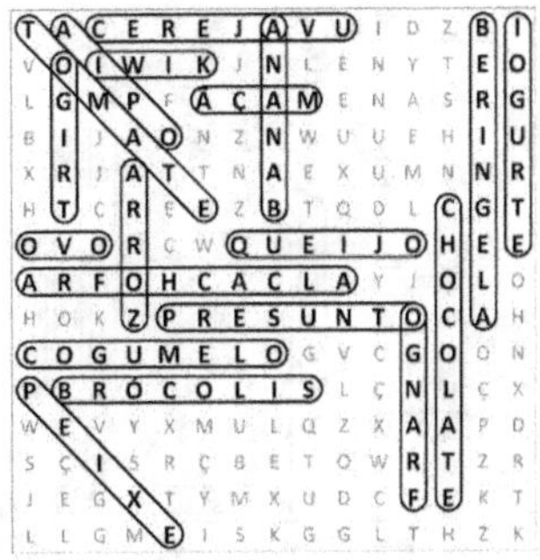

11 - Chemistry

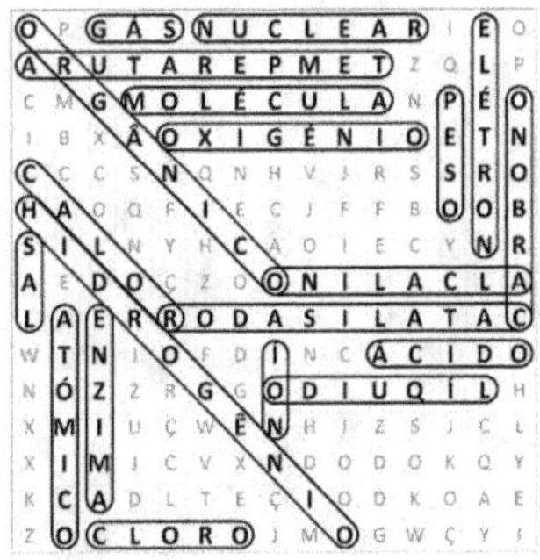

12 - Music

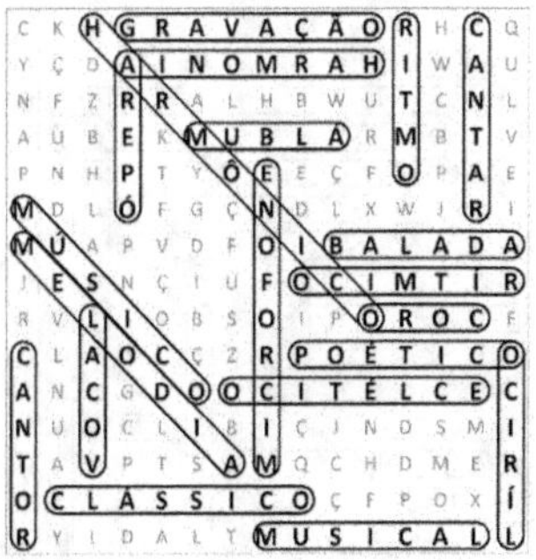

13 - Family

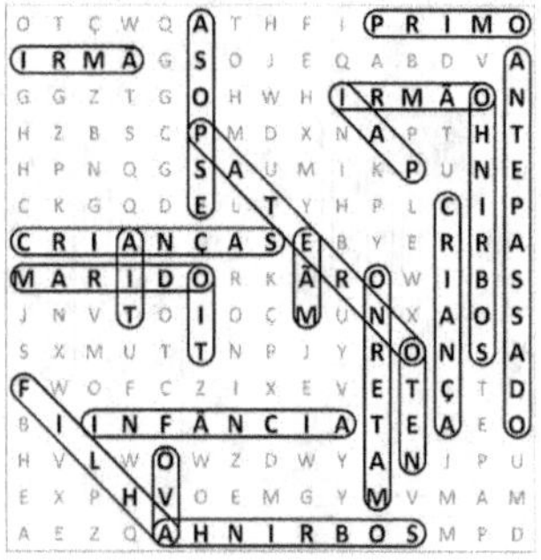

14 - Farm #1

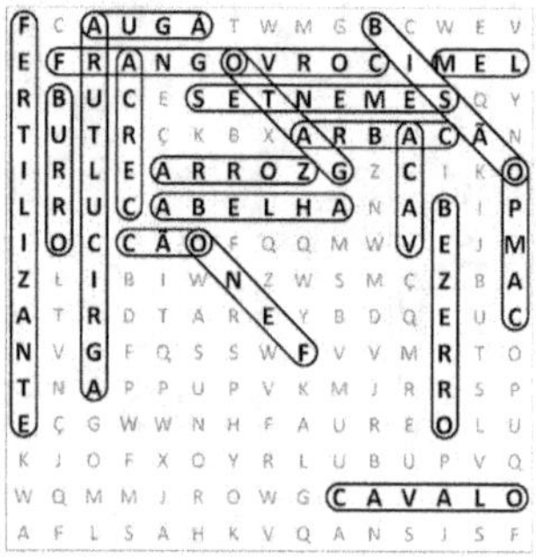

15 - Camping

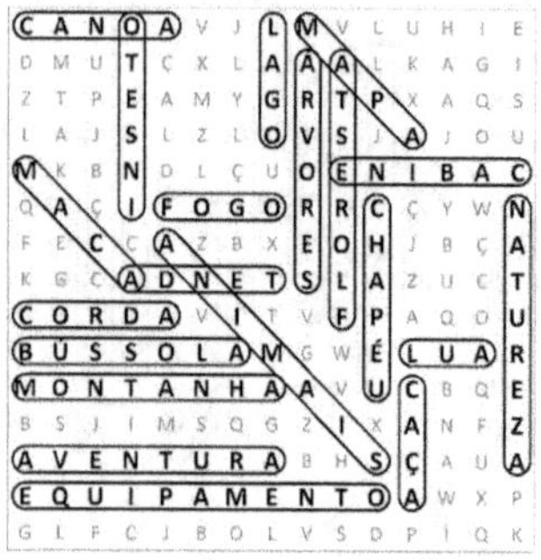

16 - Algebra

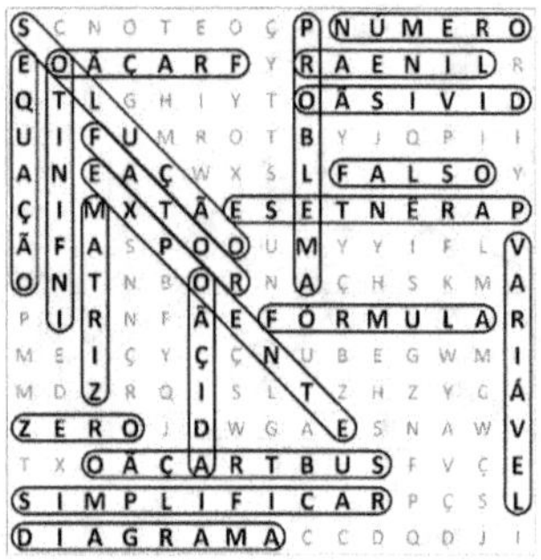

17 - Numbers

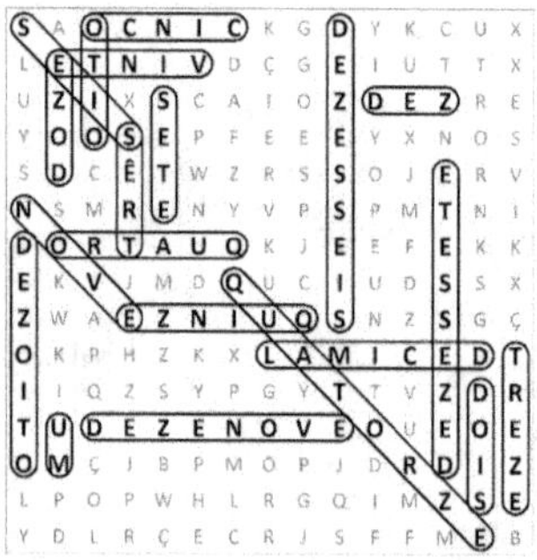

18 - Spices

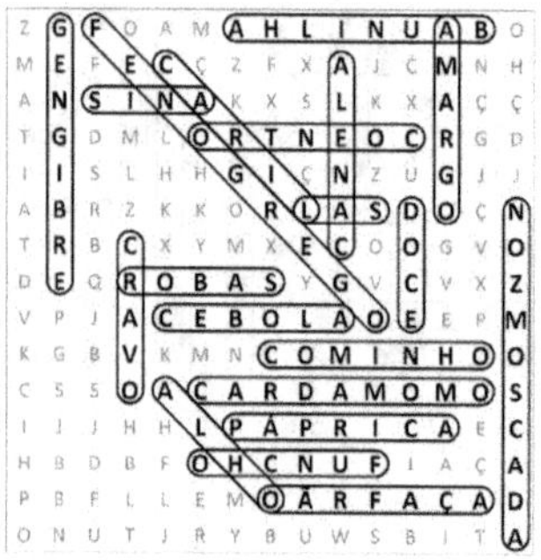

19 - Universe

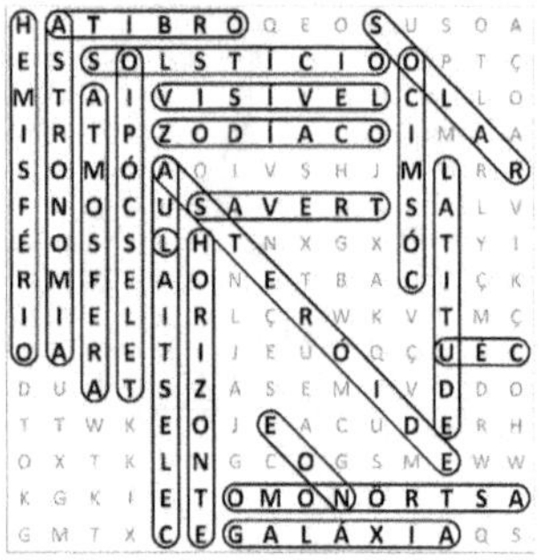

20 - Mammals

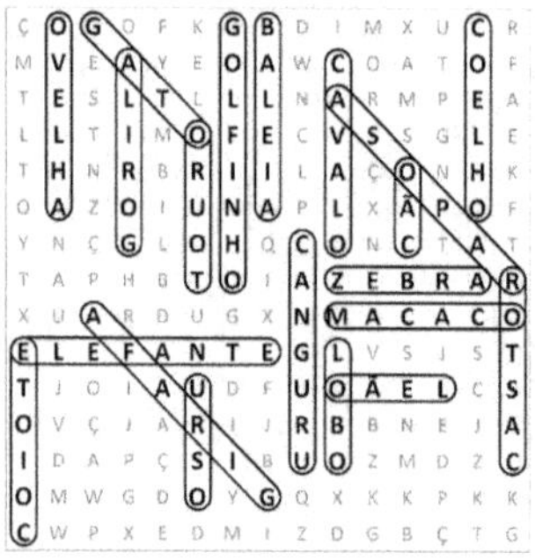

21 - Weather

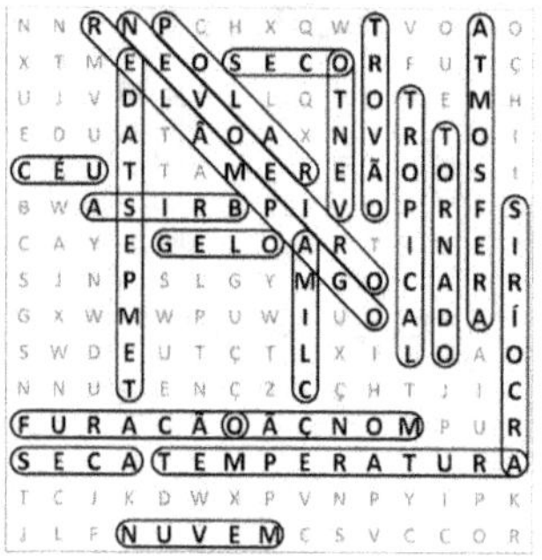

22 - Adventure

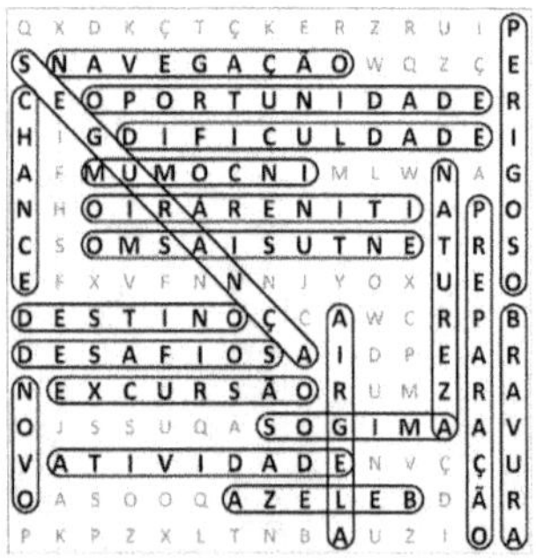

23 - Sport

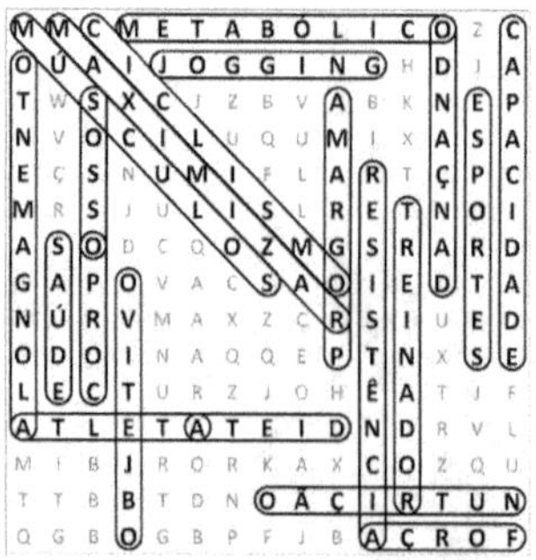

24 - Restaurant #2

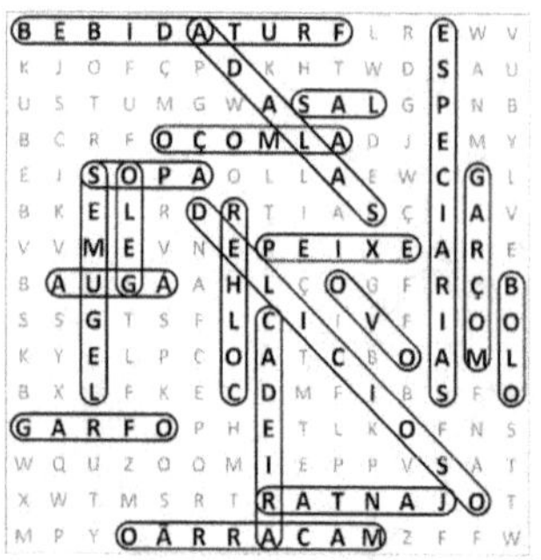

25 - Geology

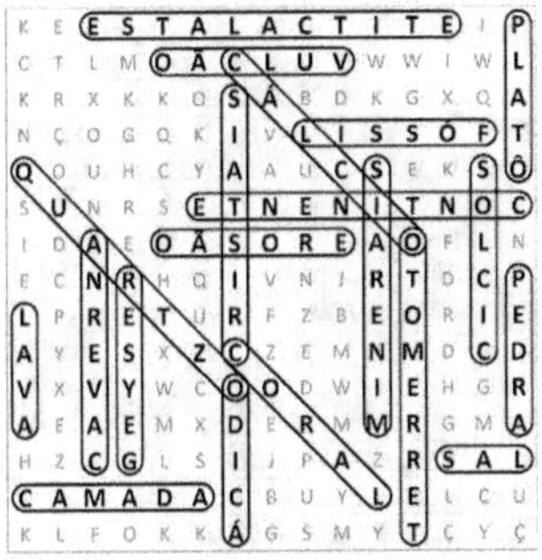

26 - House

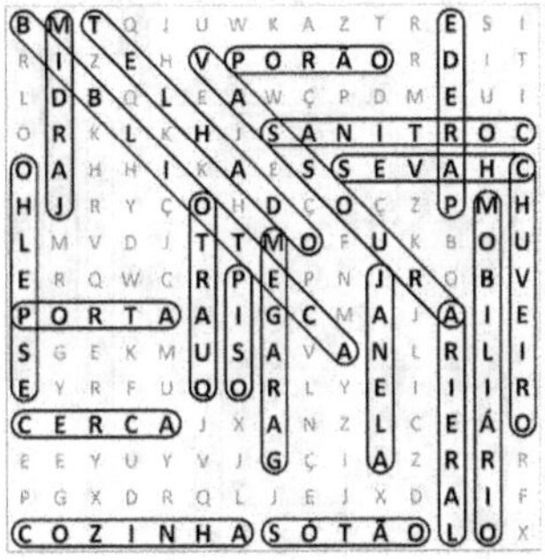

27 - Physics

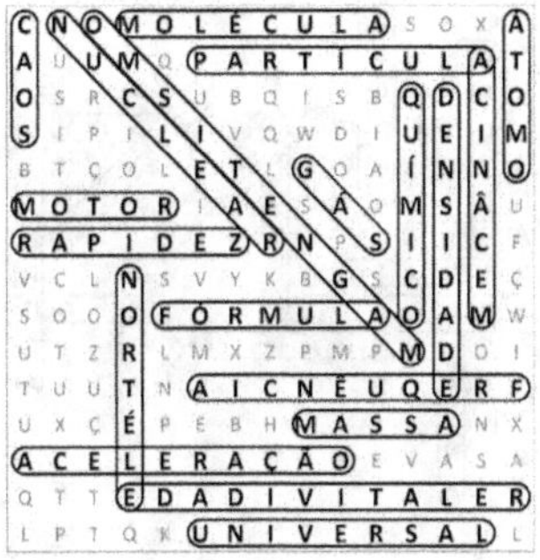

28 - Dance

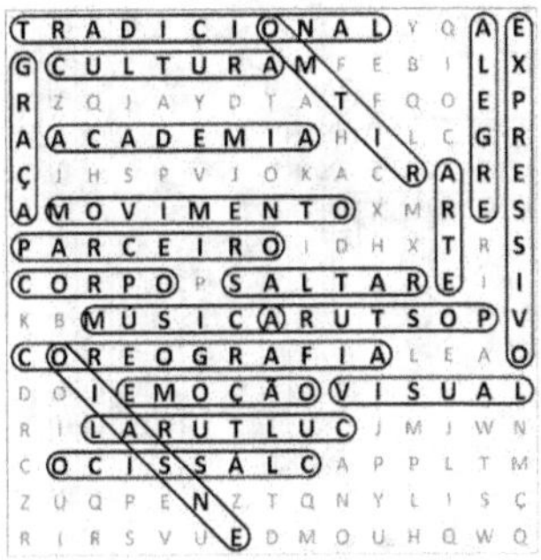

29 - Scientific Disciplines

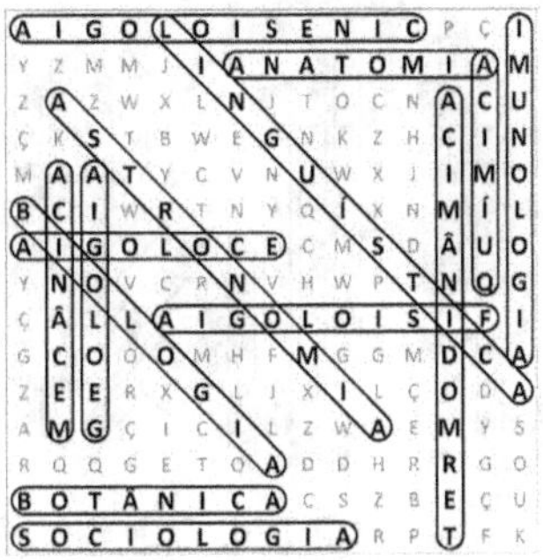

30 - Science

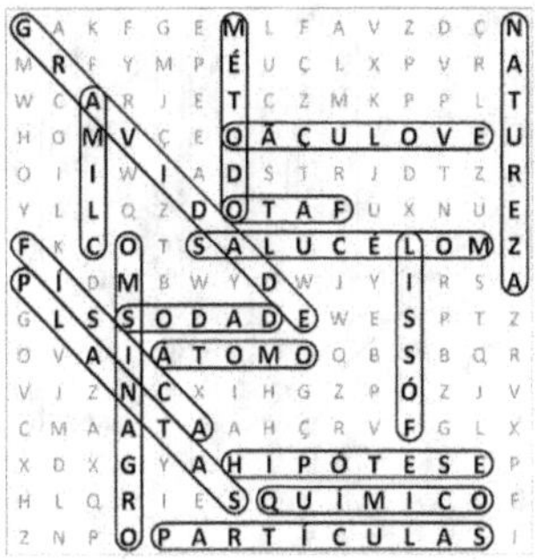

31 - Beauty

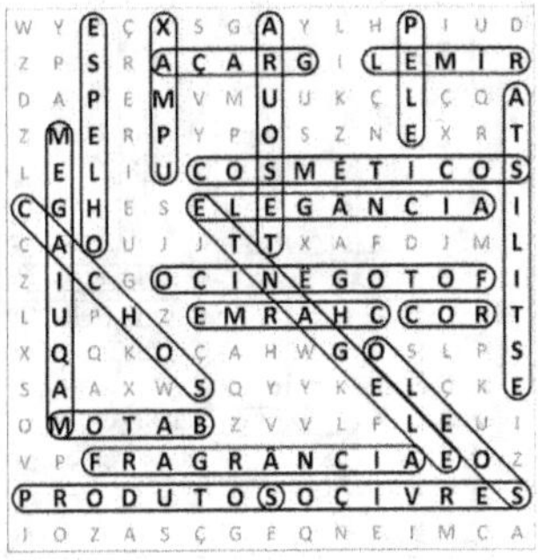

32 - Clothes

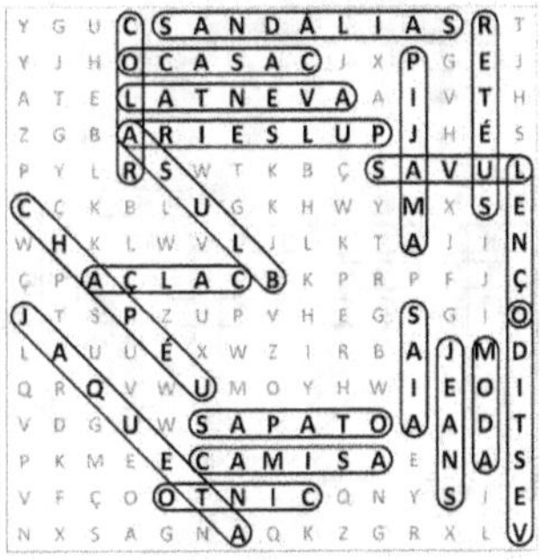

33 - Ethics

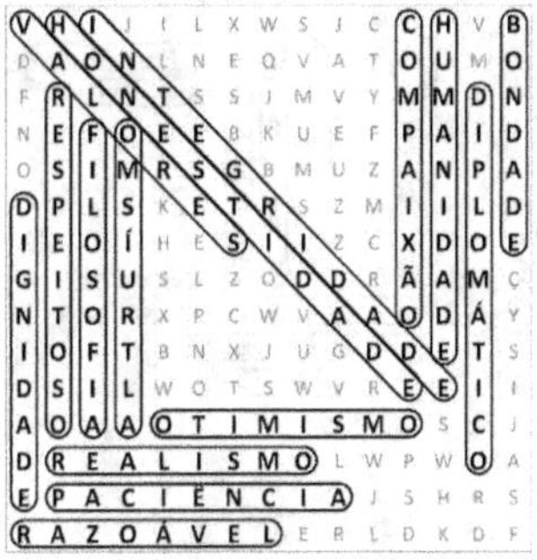

34 - Astronomy

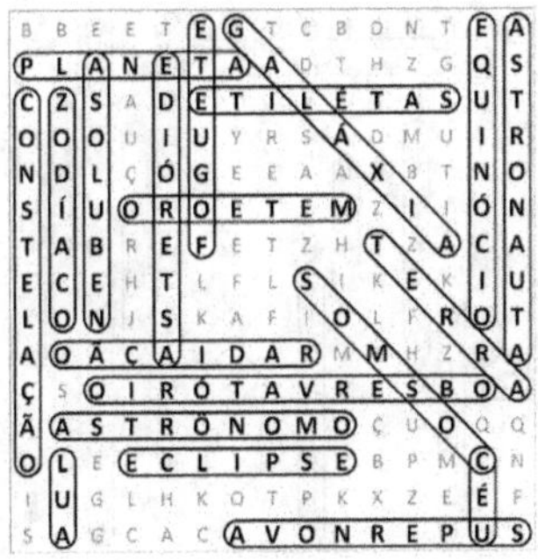

35 - Health and Wellness #2

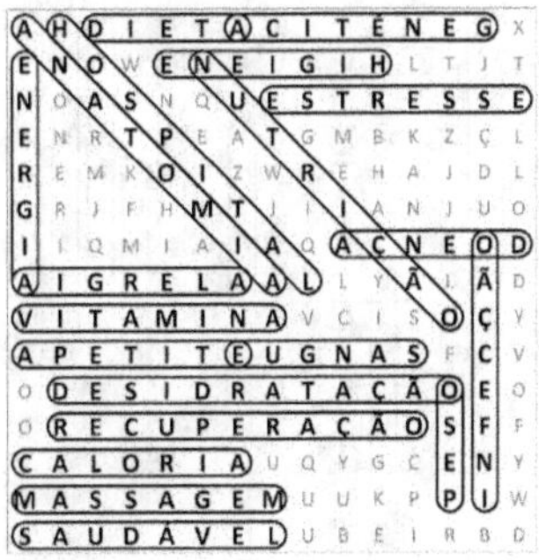

36 - Disease

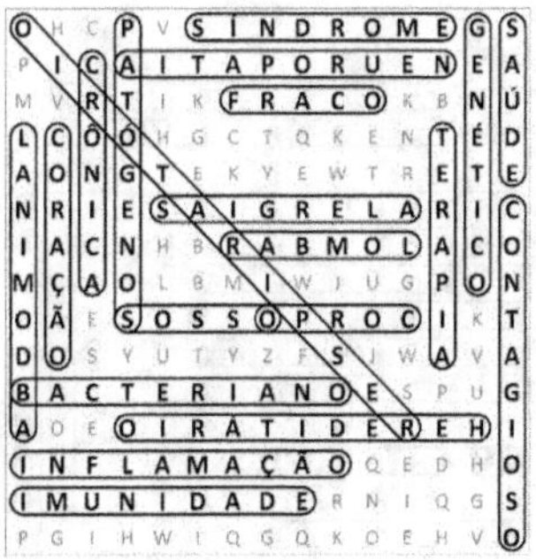

37 - Time

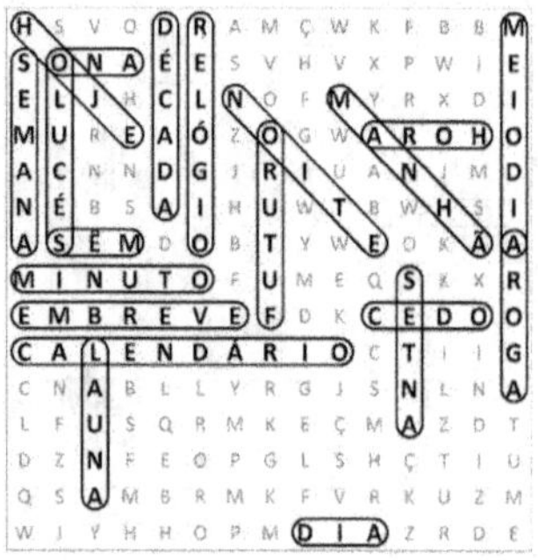

38 - Buildings

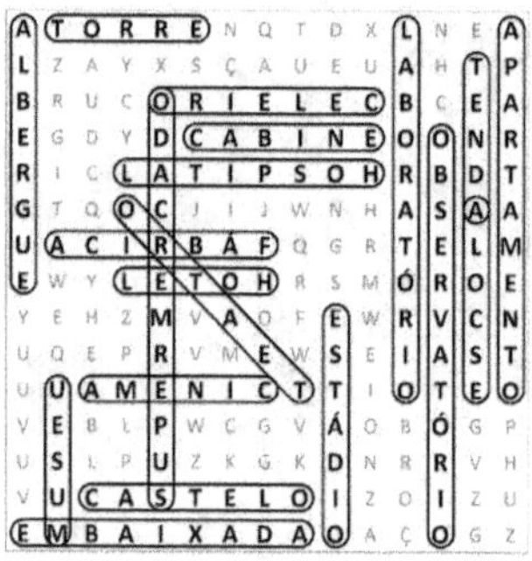

39 - Philanthropy

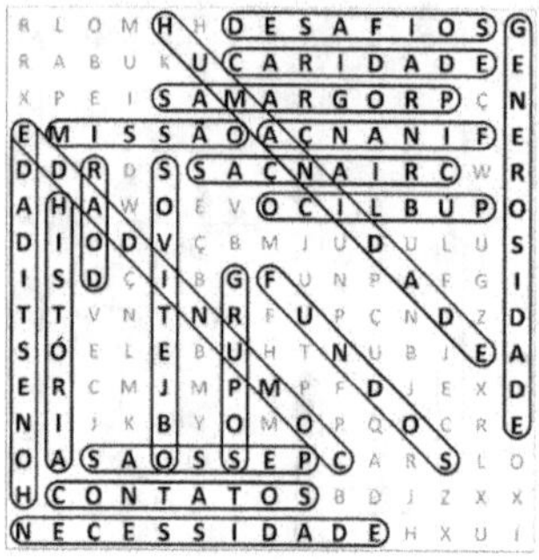

40 - Gardening

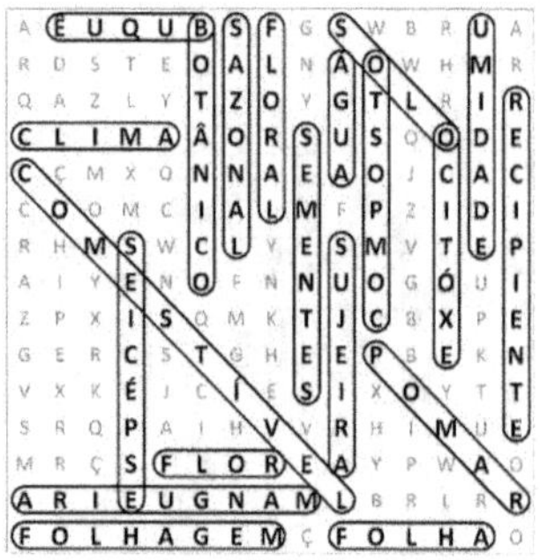

41 - Herbalism

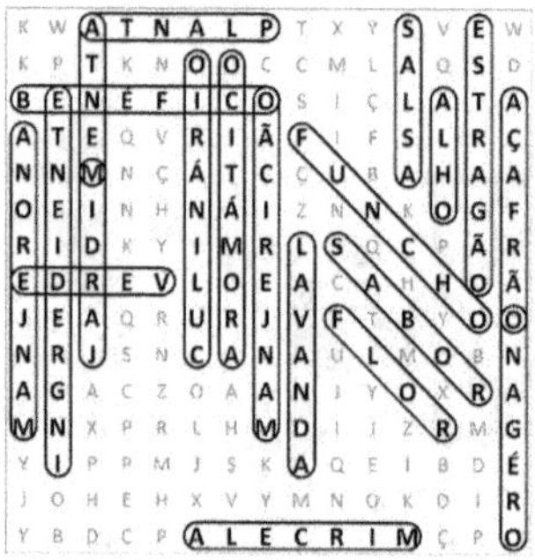

42 - Vehicles

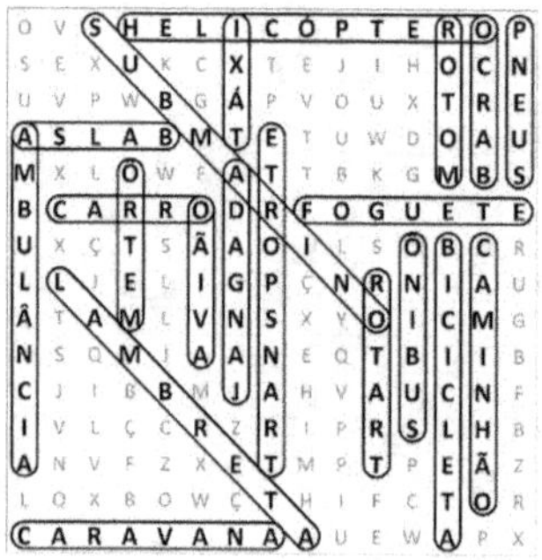

43 - Flowers

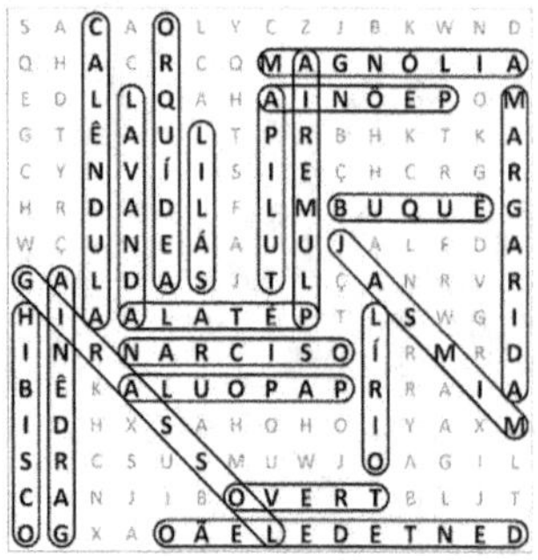

44 - Health and Wellness #1

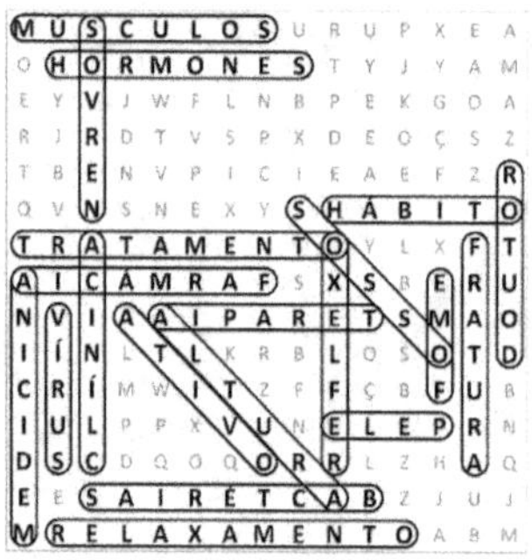

45 - Town

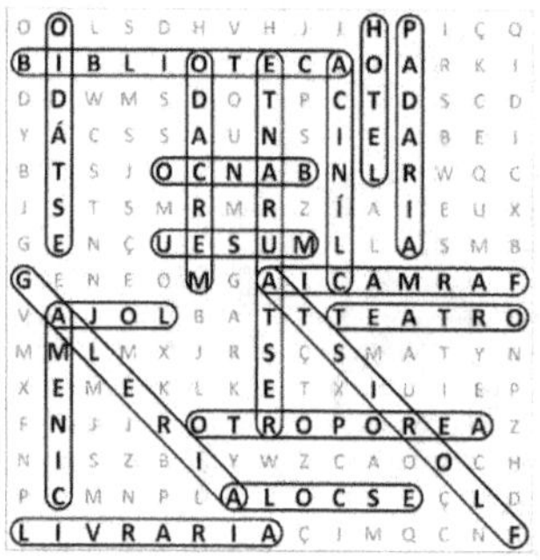

46 - Antarctica

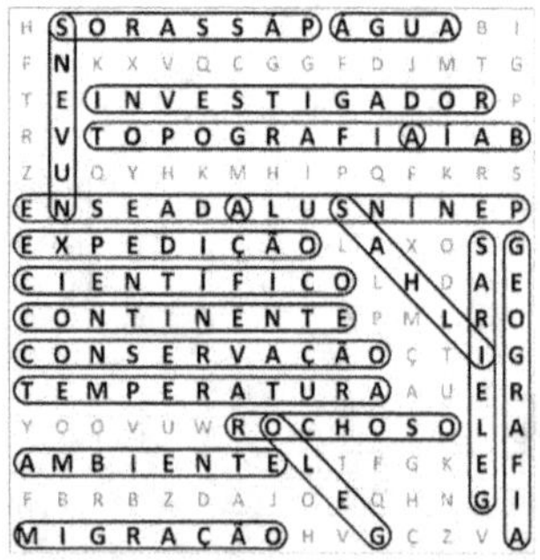

47 - Ballet

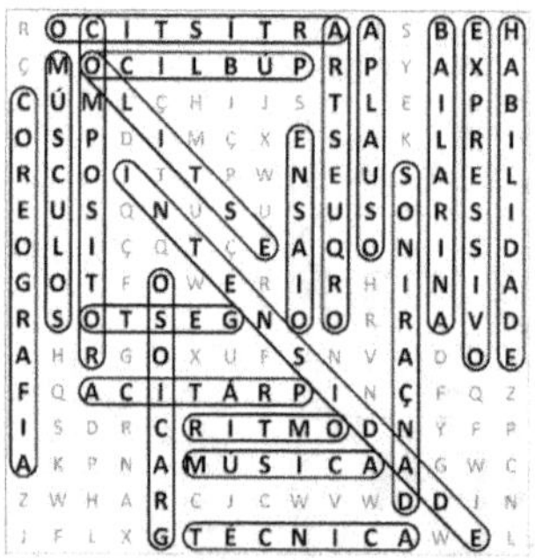

48 - Fashion

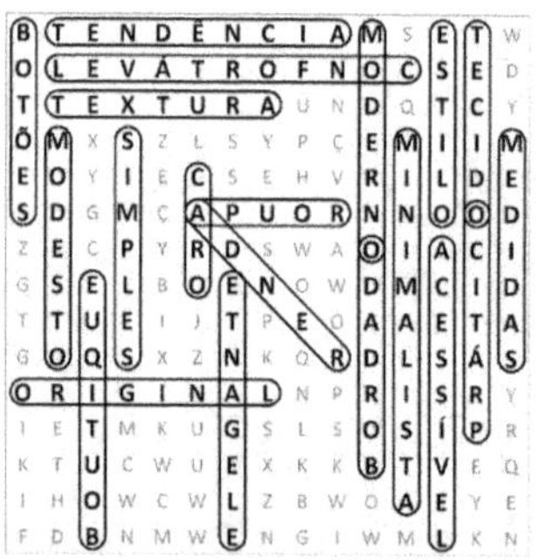

49 - Human Body

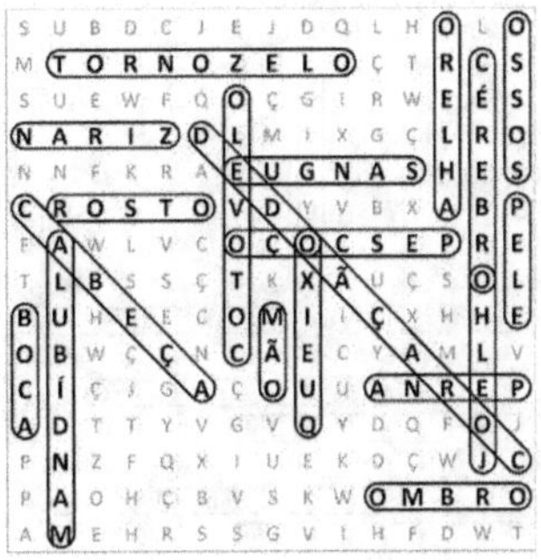

50 - Musical Instruments

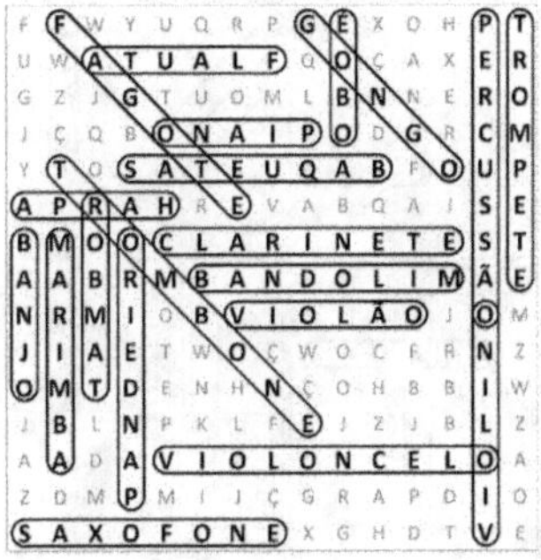

51 - Fruit

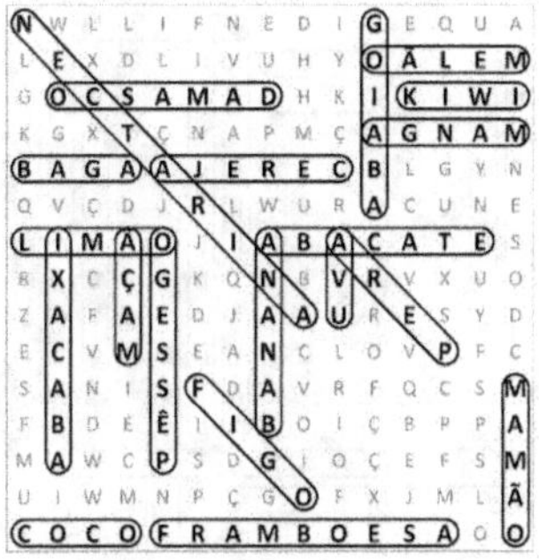

52 - Engineering

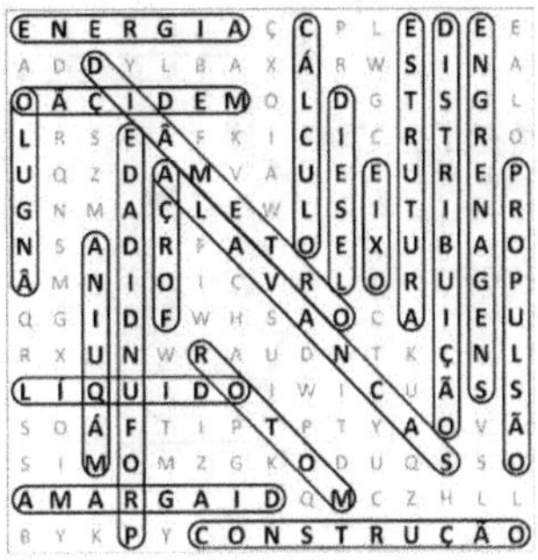

53 - Kitchen

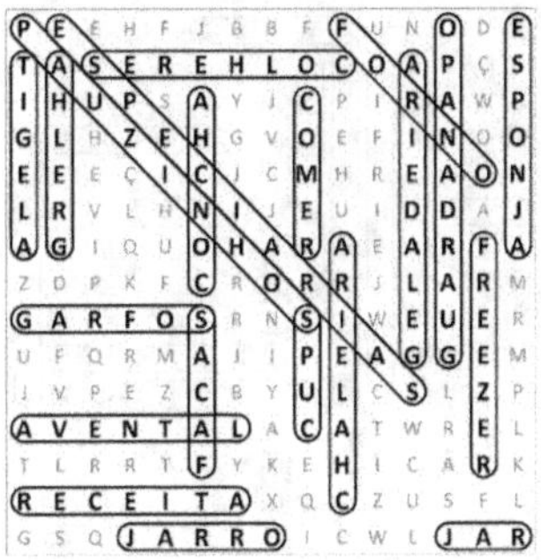

54 - Government

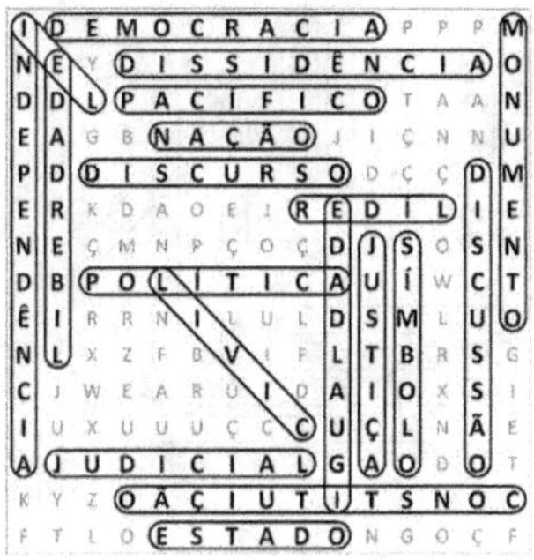

55 - Art Supplies

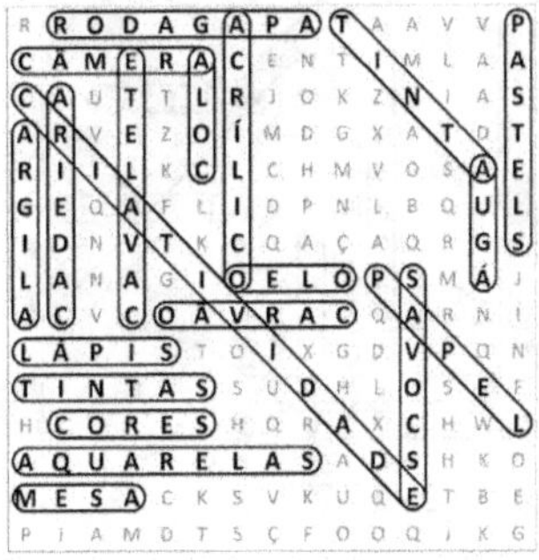

56 - Science Fiction

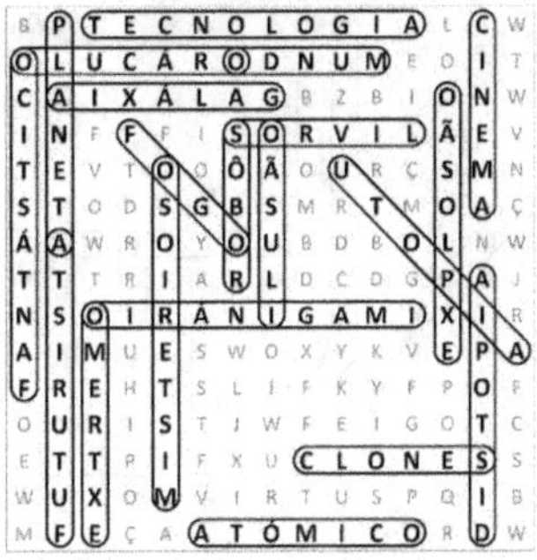

57 - Geometry

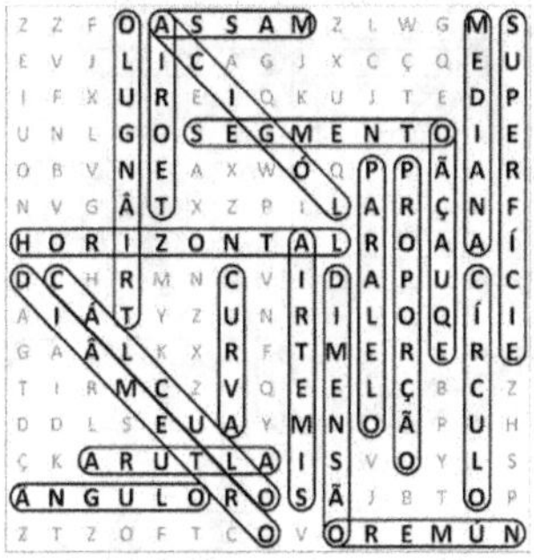

58 - Creativity

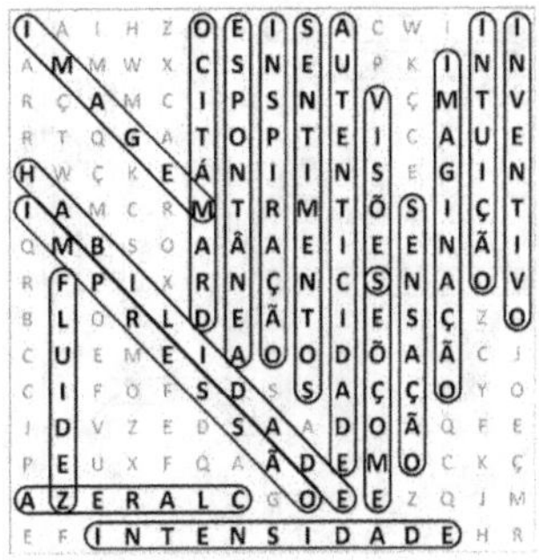

59 - Airplanes

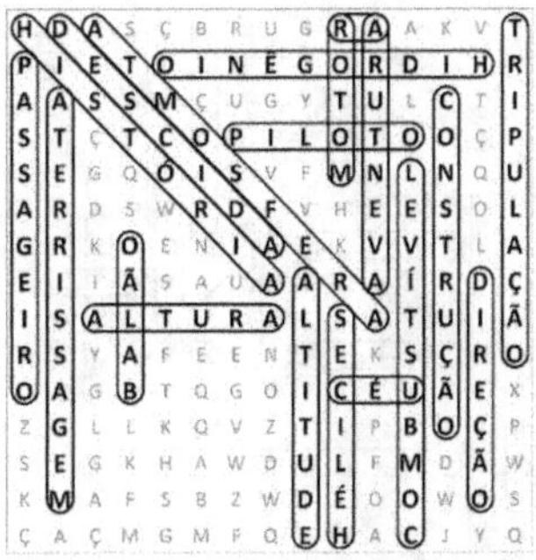

60 - Ocean

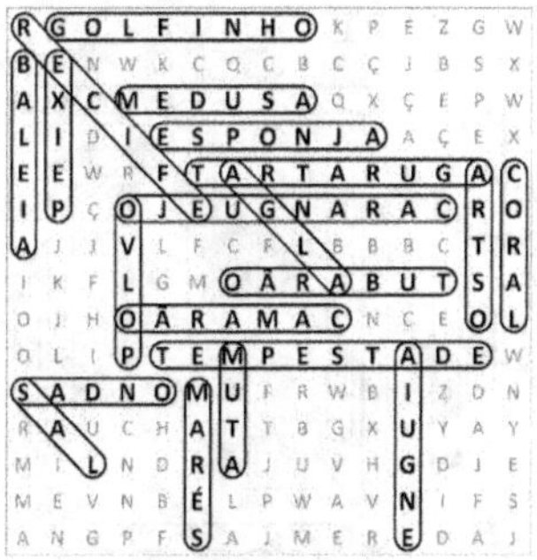

61 - Force and Gravity

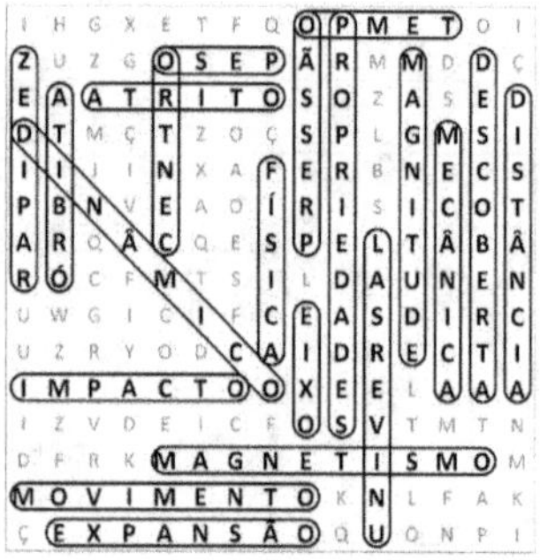

62 - Birds

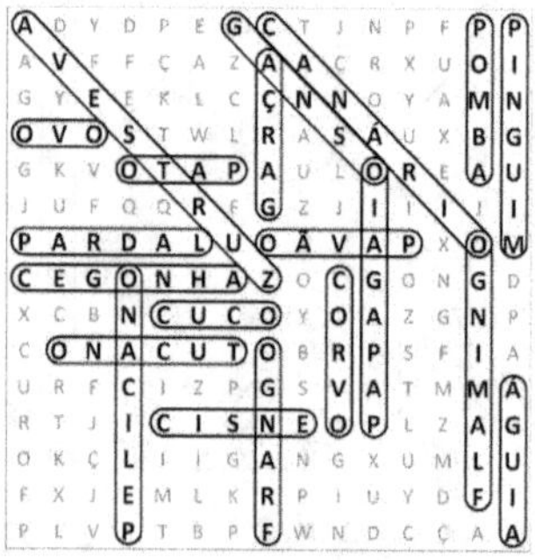

63 - Art

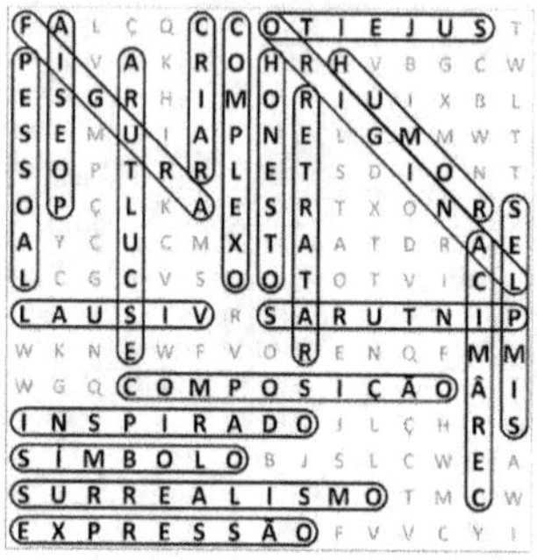

64 - Nutrition

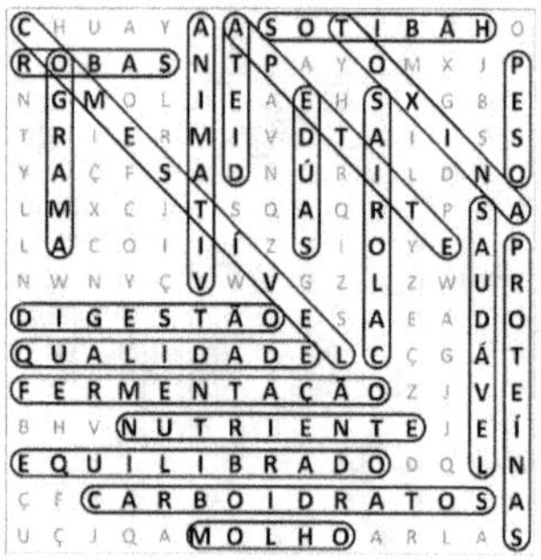

65 - Hiking

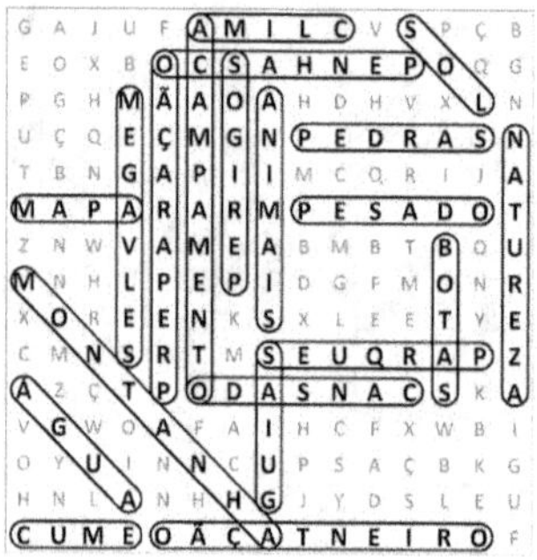

66 - Professions #1

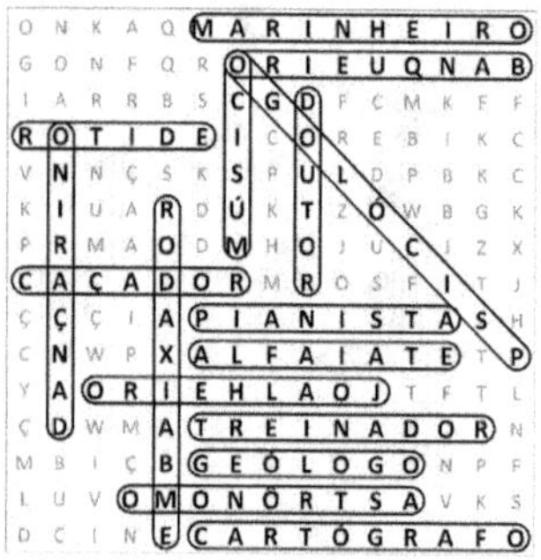

67 - Barbecues

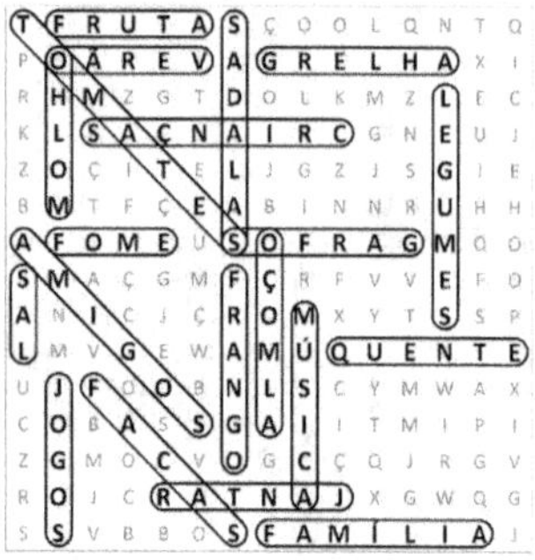

68 - Chocolate

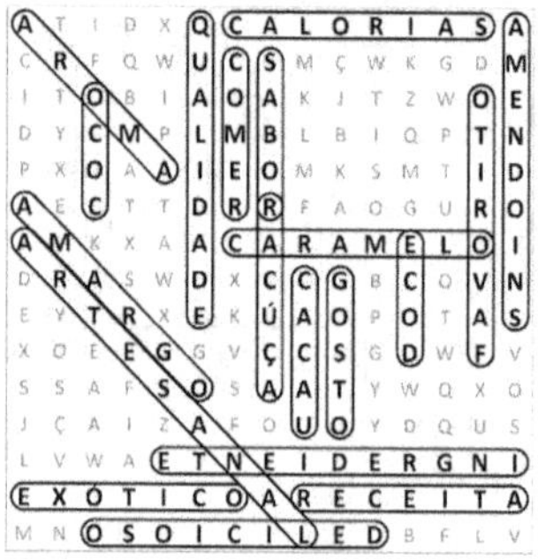

69 - Vegetables

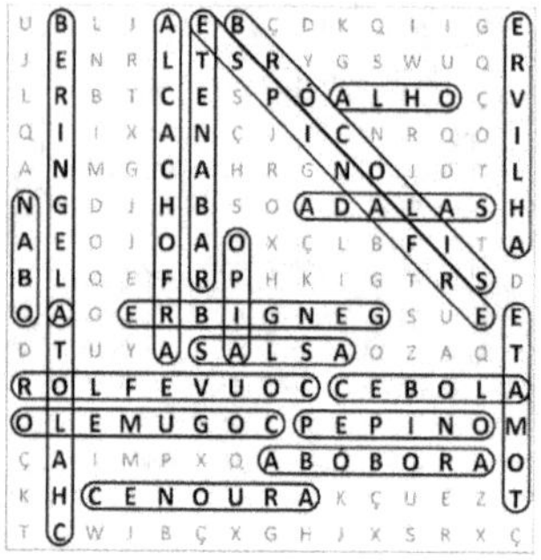

70 - The Media

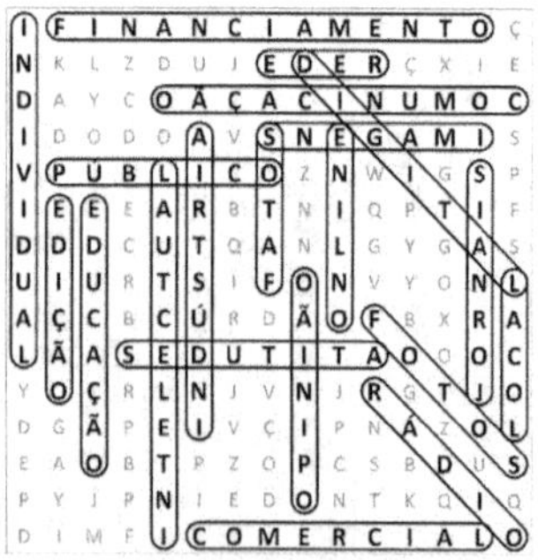

71 - Boats

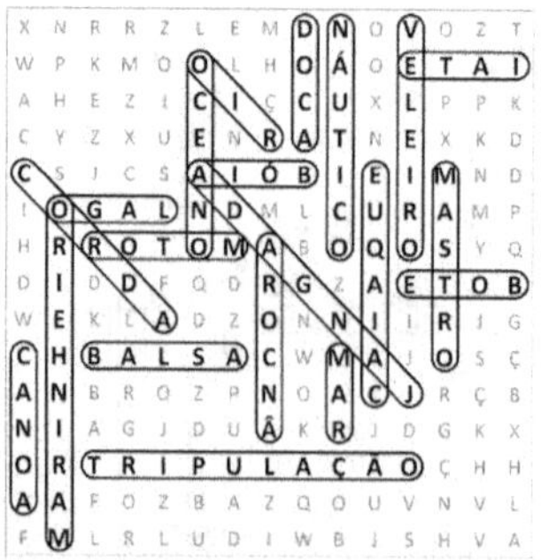

72 - Activities and Leisure

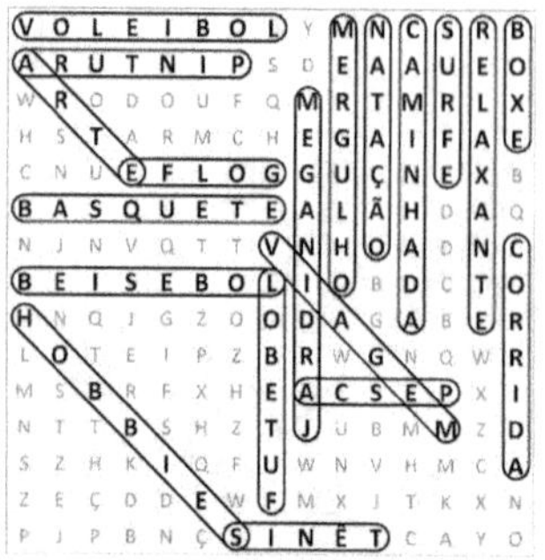

73 - Driving

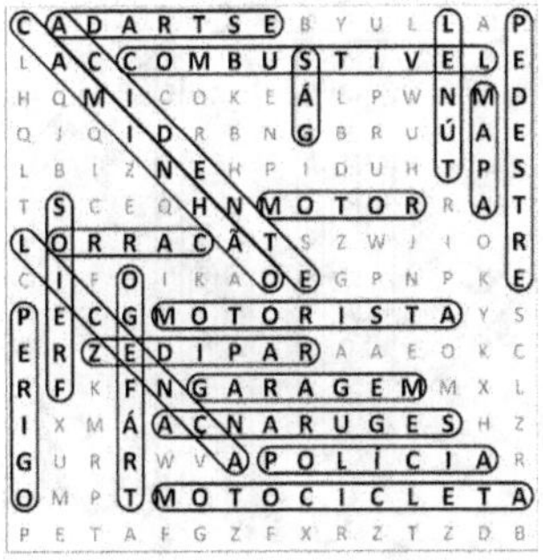

74 - Biology

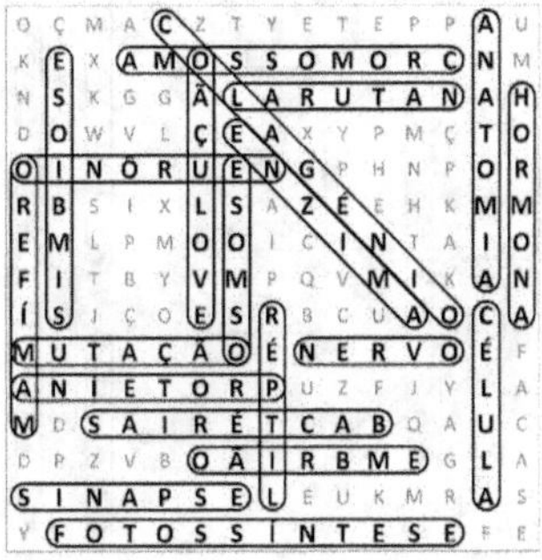

75 - Professions #2

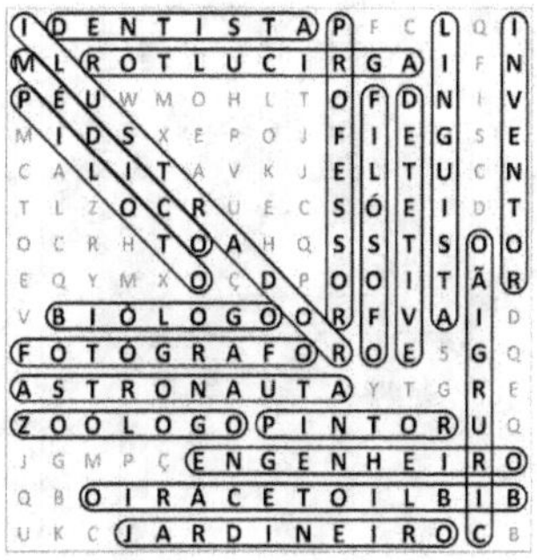

76 - Mythology

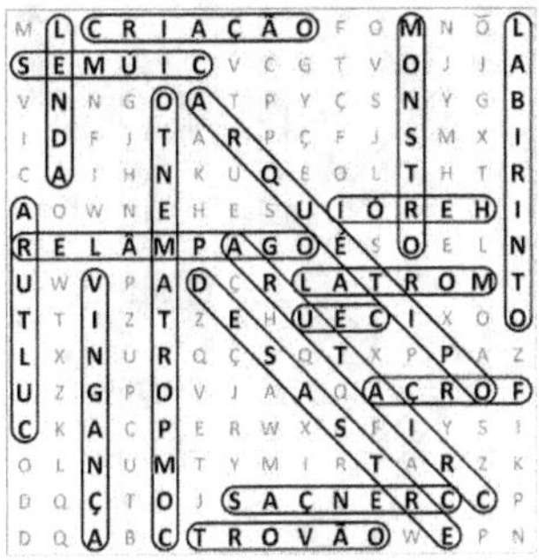

77 - Agronomy

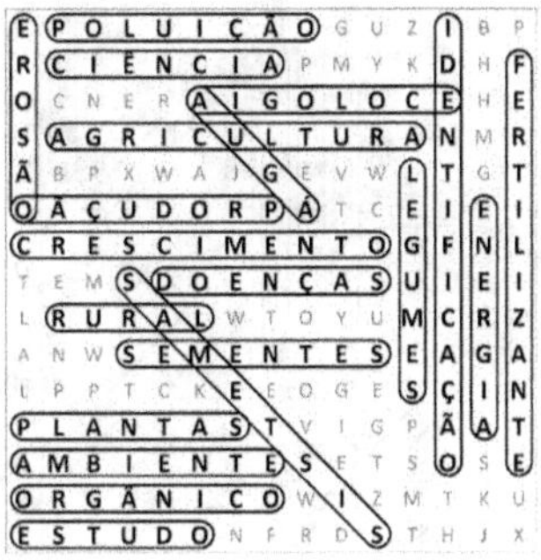

78 - Hair Types

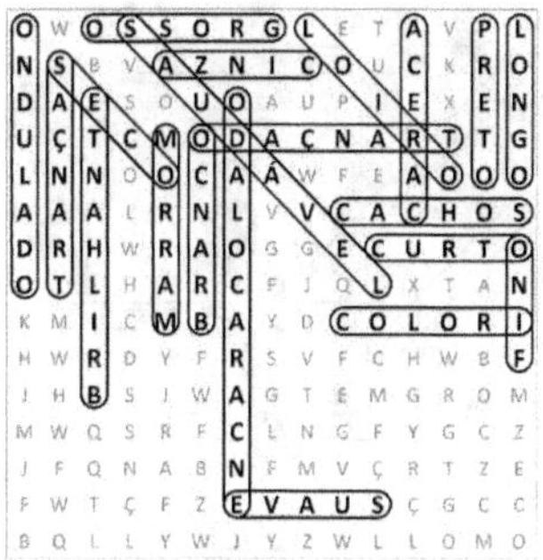

79 - Garden

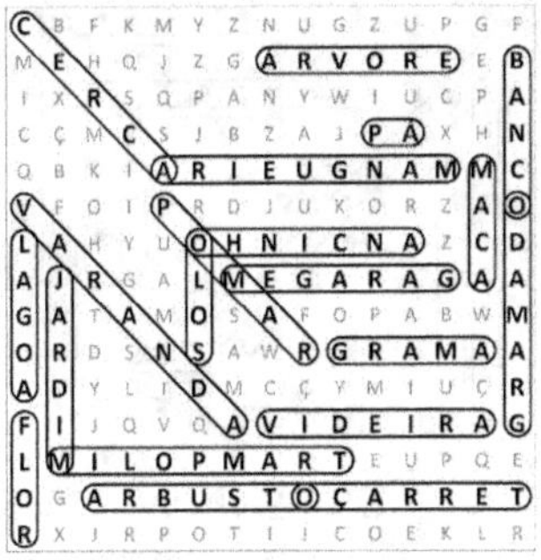

80 - Diplomacy

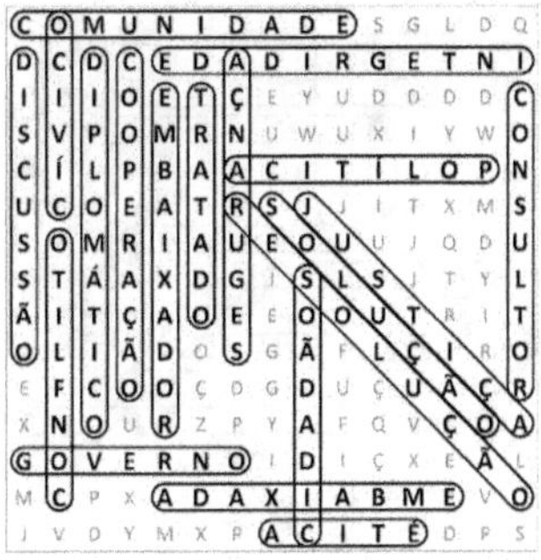

81 - Countries #1

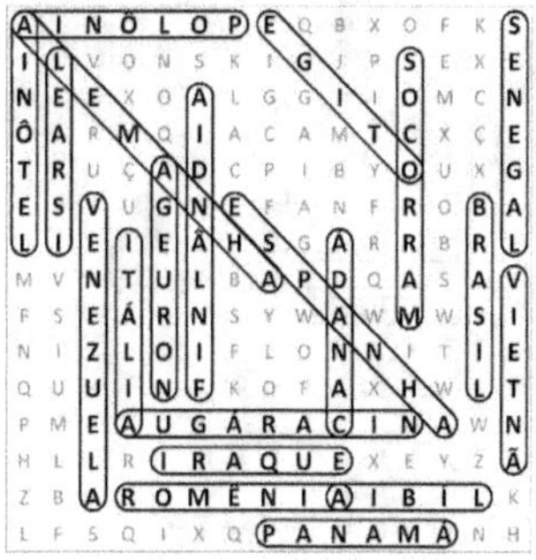

82 - Immigration

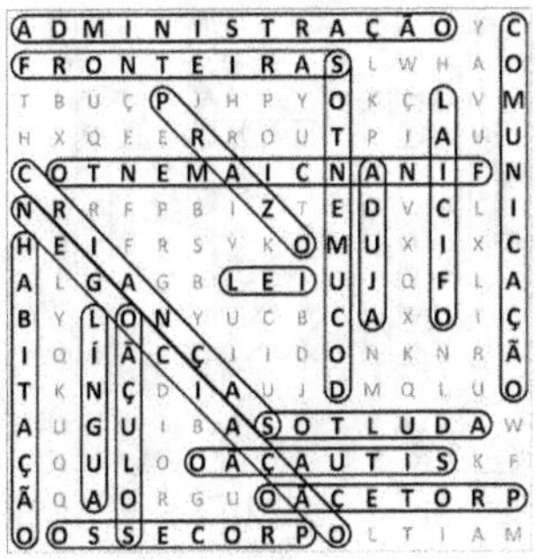

83 - Adjectives #1

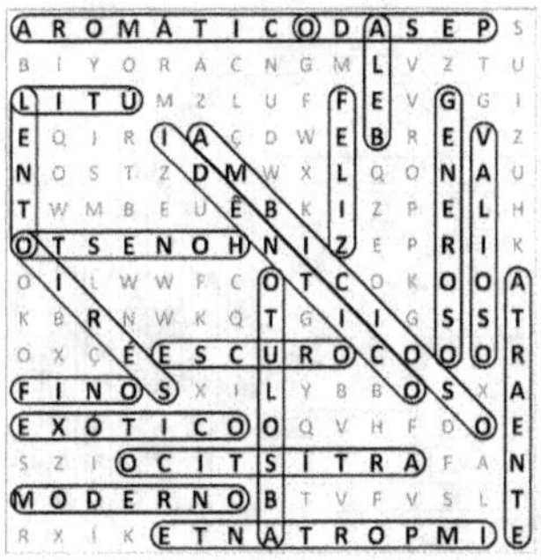

84 - Rainforest

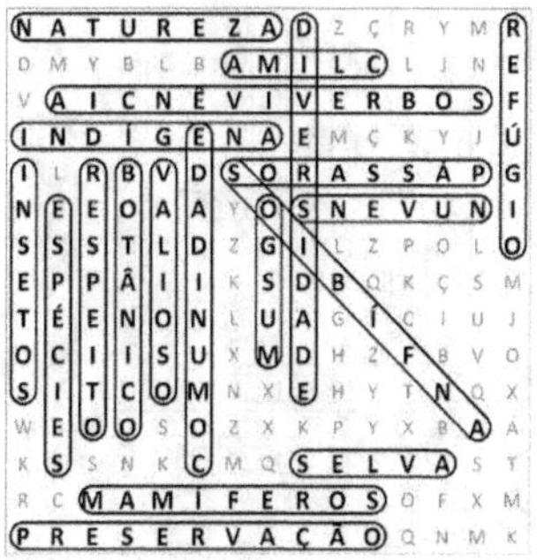

85 - Global Warming

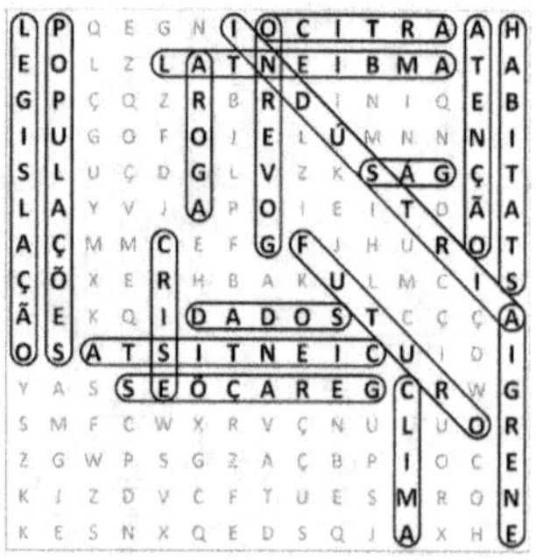

86 - Landscapes

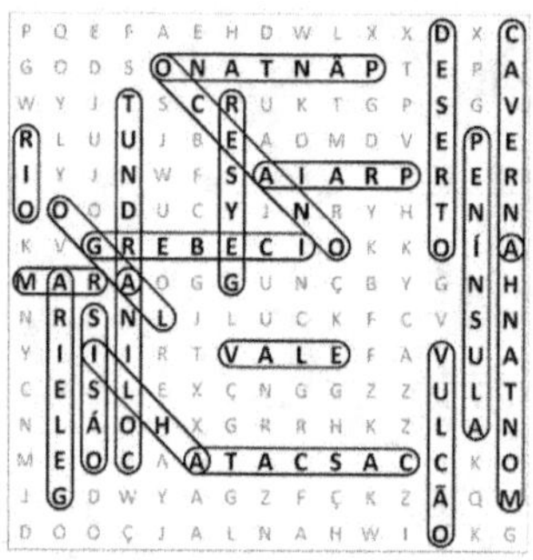

87 - Visual Arts

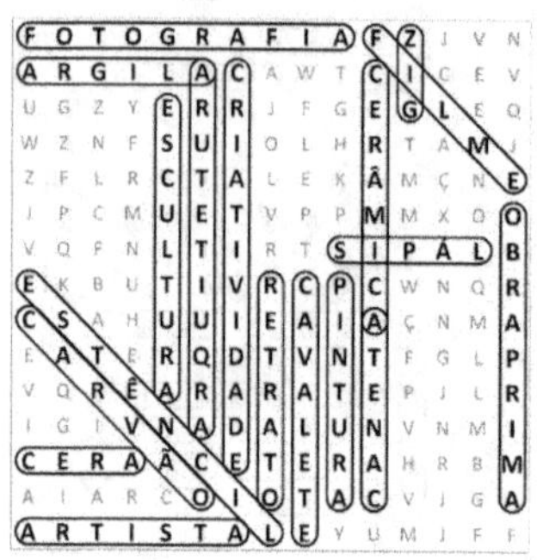

88 - Plants

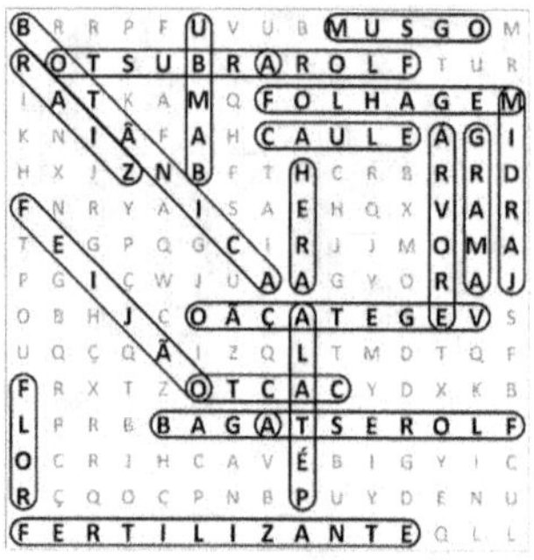

89 - Countries #2

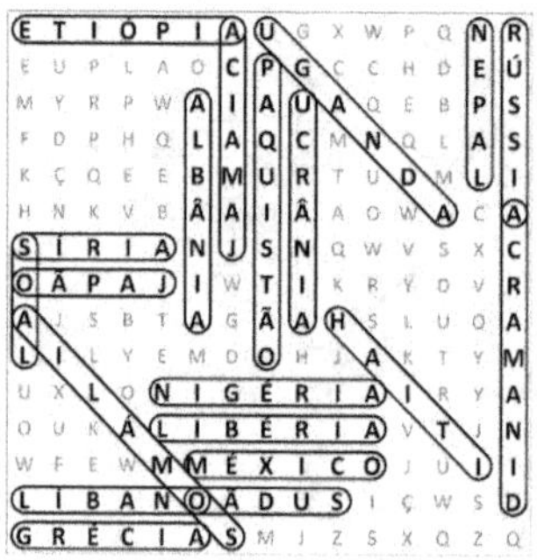

90 - Ecology

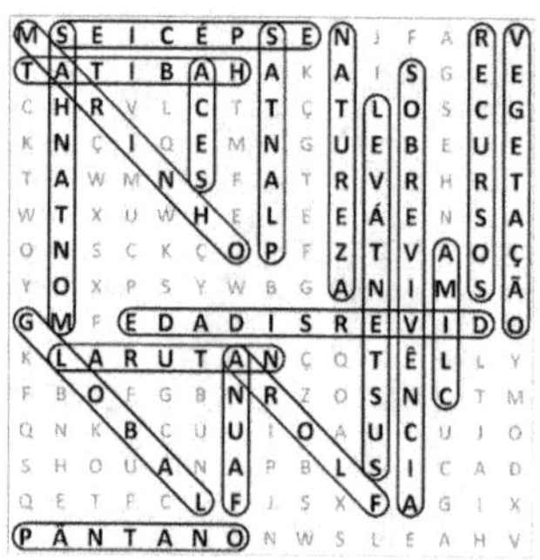

91 - Adjectives #2

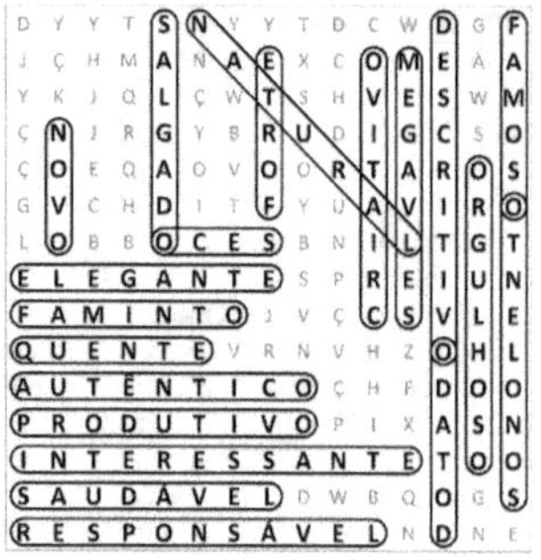

92 - Psychology

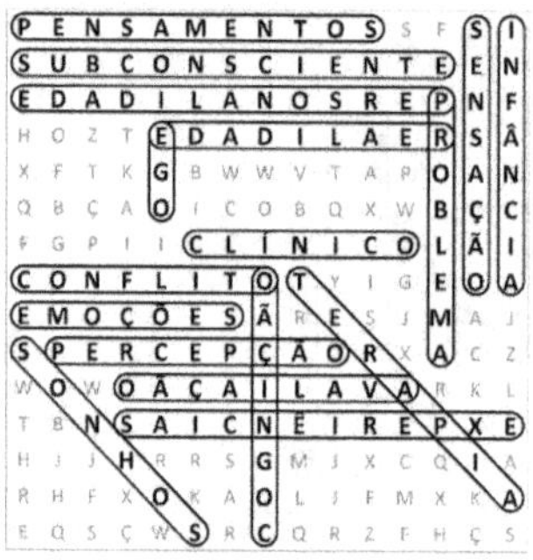

93 - Math

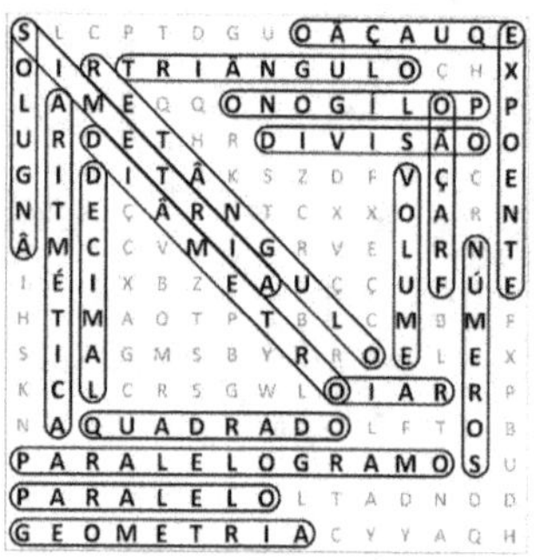

94 - Business

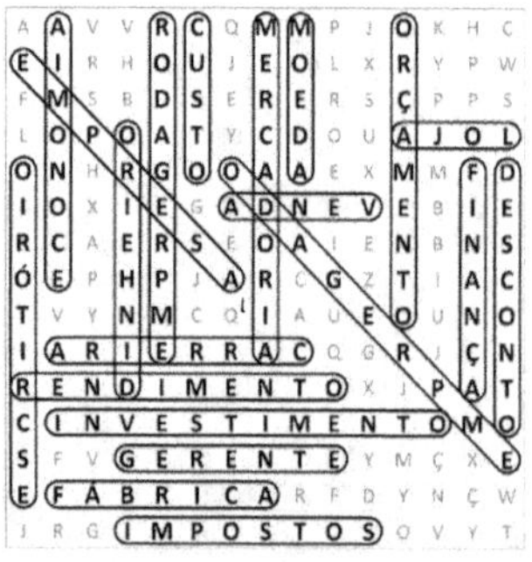

95 - The Company

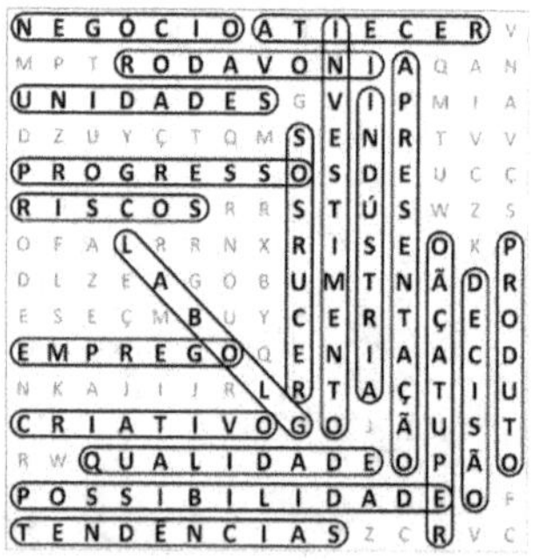

96 - Literature

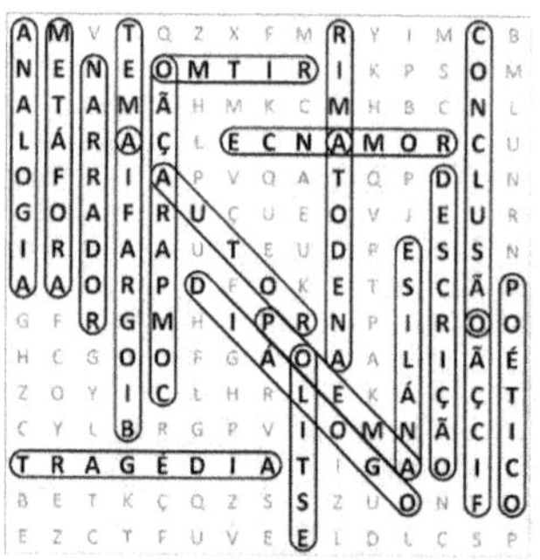

97 - Geography

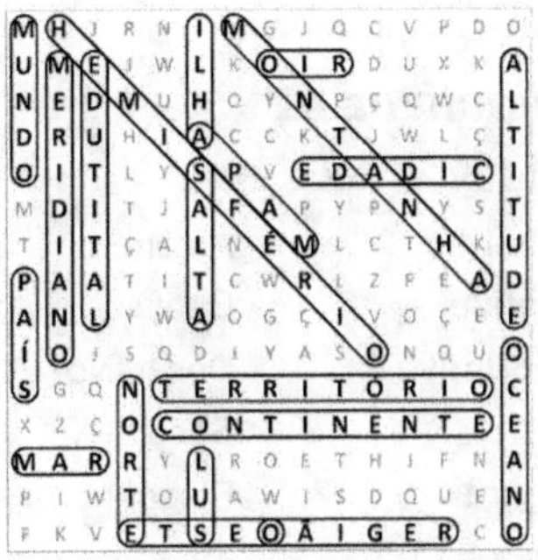

98 - Jazz

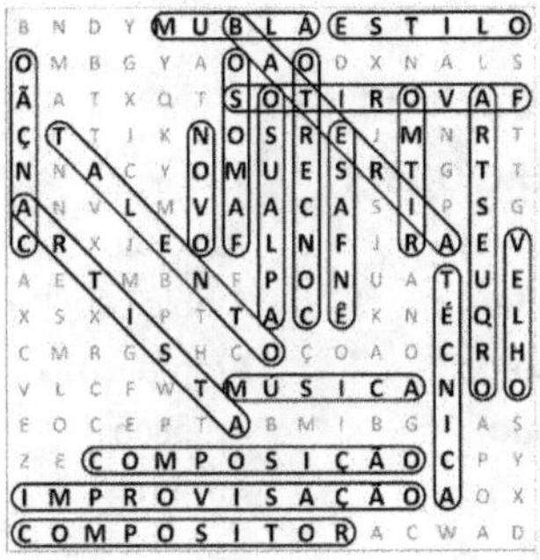

99 - Nature

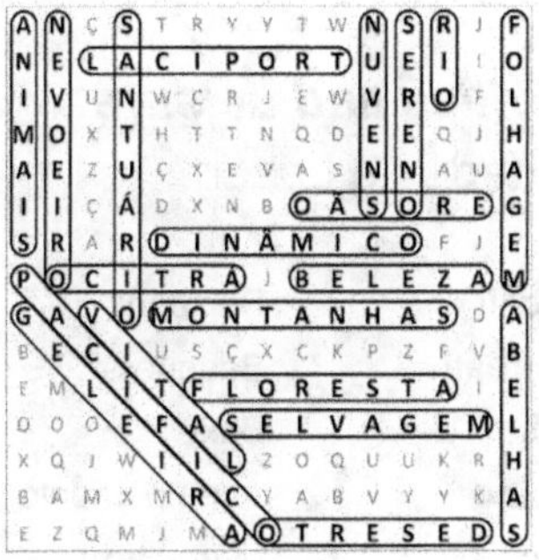

100 - Vacation #2

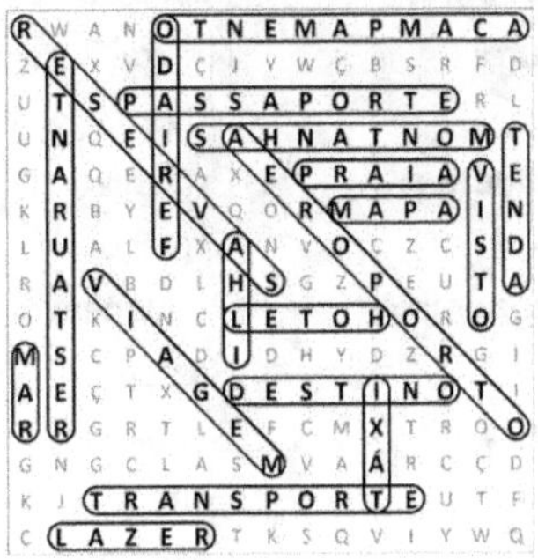

Dictionary

Activities and Leisure
Atividades e Lazer

Art	Arte
Baseball	Beisebol
Basketball	Basquete
Boxing	Boxe
Camping	Acampamento
Diving	Mergulho
Fishing	Pesca
Gardening	Jardinagem
Golf	Golfe
Hiking	Caminhada
Hobbies	Hobbies
Painting	Pintura
Racing	Corrida
Relaxing	Relaxante
Soccer	Futebol
Surfing	Surfe
Swimming	Natação
Tennis	Tênis
Travel	Viagem
Volleyball	Voleibol

Adjectives #1
Adjetivos #1

Absolute	Absoluto
Ambitious	Ambicioso
Aromatic	Aromático
Artistic	Artístico
Attractive	Atraente
Beautiful	Bela
Dark	Escuro
Exotic	Exótico
Generous	Generoso
Happy	Feliz
Heavy	Pesado
Helpful	Útil
Honest	Honesto
Identical	Idêntico
Important	Importante
Modern	Moderno
Serious	Sério
Slow	Lento
Thin	Fino
Valuable	Valioso

Adjectives #2
Adjetivos #2

Authentic	Autêntico
Creative	Criativo
Descriptive	Descritivo
Dry	Seco
Elegant	Elegante
Famous	Famoso
Gifted	Dotado
Healthy	Saudável
Hot	Quente
Hungry	Faminto
Interesting	Interessante
Natural	Natural
New	Novo
Productive	Produtivo
Proud	Orgulhoso
Responsible	Responsável
Salty	Salgado
Sleepy	Sonolento
Strong	Forte
Wild	Selvagem

Adventure
Aventura

Activity	Atividade
Beauty	Beleza
Bravery	Bravura
Challenges	Desafios
Chance	Chance
Dangerous	Perigoso
Destination	Destino
Difficulty	Dificuldade
Enthusiasm	Entusiasmo
Excursion	Excursão
Friends	Amigos
Itinerary	Itinerário
Joy	Alegria
Nature	Natureza
Navigation	Navegação
New	Novo
Opportunity	Oportunidade
Preparation	Preparação
Safety	Segurança
Unusual	Incomum

Agronomy
Agronomia

Agriculture	Agricultura
Diseases	Doenças
Ecology	Ecologia
Energy	Energia
Environment	Ambiente
Erosion	Erosão
Fertilizer	Fertilizante
Growth	Crescimento
Identification	Identificação
Organic	Orgânico
Plants	Plantas
Pollution	Poluição
Production	Produção
Rural	Rural
Science	Ciência
Seeds	Sementes
Study	Estudo
Systems	Sistemas
Vegetables	Legumes
Water	Água

Airplanes
Aviões

Adventure	Aventura
Air	Ar
Altitude	Altitude
Atmosphere	Atmosfera
Balloon	Balão
Construction	Construção
Crew	Tripulação
Descent	Descida
Direction	Direção
Engine	Motor
Fuel	Combustível
Height	Altura
History	História
Hydrogen	Hidrogênio
Landing	Aterrissagem
Passenger	Passageiro
Pilot	Piloto
Propellers	Hélices
Sky	Céu
Turbulence	Turbulência

Algebra
Álgebra

Addition	Adição
Diagram	Diagrama
Division	Divisão
Equation	Equação
Exponent	Expoente
Factor	Fator
False	Falso
Formula	Fórmula
Fraction	Fração
Infinite	Infinito
Linear	Linear
Matrix	Matriz
Number	Número
Parenthesis	Parêntese
Problem	Problema
Simplify	Simplificar
Solution	Solução
Subtraction	Subtração
Variable	Variável
Zero	Zero

Antarctica
Antártica

Bay	Baía
Birds	Pássaros
Clouds	Nuvens
Conservation	Conservação
Continent	Continente
Cove	Enseada
Environment	Ambiente
Expedition	Expedição
Geography	Geografia
Glaciers	Geleiras
Ice	Gelo
Islands	Ilhas
Migration	Migração
Peninsula	Península
Researcher	Investigador
Rocky	Rochoso
Scientific	Científico
Temperature	Temperatura
Topography	Topografia
Water	Água

Antiques
Antiguidades

Art	Arte
Auction	Leilão
Authentic	Autêntico
Century	Século
Coins	Moedas
Collector	Coletor
Decades	Décadas
Decorative	Decorativo
Elegant	Elegante
Furniture	Mobiliário
Gallery	Galeria
Investment	Investimento
Old	Velho
Price	Preço
Quality	Qualidade
Restoration	Restauração
Sculpture	Escultura
Style	Estilo
Unusual	Incomum
Value	Valor

Archeology
Arqueologia

Analysis	Análise
Antiquity	Antiguidade
Bones	Ossos
Civilization	Civilização
Descendant	Descendente
Era	Era
Evaluation	Avaliação
Expert	Especialista
Forgotten	Esquecido
Fossil	Fóssil
Fragments	Fragmentos
Mystery	Mistério
Objects	Objetos
Pottery	Cerâmica
Relic	Relíquia
Researcher	Investigador
Team	Equipe
Temple	Templo
Tomb	Túmulo
Unknown	Desconhecido

Art
Arte

Ceramic	Cerâmica
Complex	Complexo
Composition	Composição
Create	Criar
Expression	Expressão
Figure	Figura
Honest	Honesto
Inspired	Inspirado
Mood	Humor
Original	Original
Paintings	Pinturas
Personal	Pessoal
Poetry	Poesia
Portray	Retratar
Sculpture	Escultura
Simple	Simples
Subject	Sujeito
Surrealism	Surrealismo
Symbol	Símbolo
Visual	Visual

Art Supplies
Material de Arte

Acrylic	Acrílico
Brushes	Escovas
Camera	Câmera
Chair	Cadeira
Charcoal	Carvão
Clay	Argila
Colors	Cores
Creativity	Criatividade
Easel	Cavalete
Eraser	Apagador
Glue	Cola
Ink	Tinta
Oil	Óleo
Paints	Tintas
Paper	Papel
Pastels	Pastels
Pencils	Lápis
Table	Mesa
Water	Água
Watercolors	Aquarelas

Astronomy
Astronomia

Asteroid	Asteróide
Astronaut	Astronauta
Astronomer	Astrônomo
Constellation	Constelação
Cosmos	Cosmos
Earth	Terra
Eclipse	Eclipse
Equinox	Equinócio
Galaxy	Galáxia
Meteor	Meteoro
Moon	Lua
Nebula	Nebulosa
Observatory	Observatório
Planet	Planeta
Radiation	Radiação
Rocket	Foguete
Satellite	Satélite
Sky	Céu
Supernova	Supernova
Zodiac	Zodíaco

Ballet
Balé

Applause	Aplauso
Artistic	Artístico
Audience	Público
Ballerina	Bailarina
Choreography	Coreografia
Composer	Compositor
Dancers	Dançarinos
Expressive	Expressivo
Gesture	Gesto
Graceful	Gracioso
Intensity	Intensidade
Muscles	Músculos
Music	Música
Orchestra	Orquestra
Practice	Prática
Rehearsal	Ensaio
Rhythm	Ritmo
Skill	Habilidade
Style	Estilo
Technique	Técnica

Barbecues
Churrascos

Chicken	Frango
Children	Crianças
Dinner	Jantar
Family	Família
Forks	Garfos
Friends	Amigos
Fruit	Fruta
Games	Jogos
Grill	Grelha
Hot	Quente
Hunger	Fome
Knives	Facas
Lunch	Almoço
Music	Música
Salads	Saladas
Salt	Sal
Sauce	Molho
Summer	Verão
Tomatoes	Tomates
Vegetables	Legumes

Beauty
Beleza

Charm	Charme
Color	Cor
Cosmetics	Cosméticos
Curls	Cachos
Elegance	Elegância
Elegant	Elegante
Fragrance	Fragrância
Grace	Graça
Lipstick	Batom
Makeup	Maquiagem
Mascara	Rímel
Mirror	Espelho
Oils	Óleos
Photogenic	Fotogênico
Products	Produtos
Scissors	Tesoura
Services	Serviços
Shampoo	Xampu
Skin	Pele
Stylist	Estilista

Biology
Biologia

Anatomy	Anatomia
Bacteria	Bactérias
Cell	Célula
Chromosome	Cromossoma
Collagen	Colagénio
Embryo	Embrião
Enzyme	Enzima
Evolution	Evolução
Hormone	Hormona
Mammal	Mamífero
Mutation	Mutação
Natural	Natural
Nerve	Nervo
Neuron	Neurônio
Osmosis	Osmose
Photosynthesis	Fotossíntese
Protein	Proteína
Reptile	Réptil
Symbiosis	Simbiose
Synapse	Sinapse

Birds
Pássaros

Canary	Canário
Chicken	Frango
Crow	Corvo
Cuckoo	Cuco
Dove	Pomba
Duck	Pato
Eagle	Águia
Egg	Ovo
Flamingo	Flamingo
Goose	Ganso
Heron	Garça
Ostrich	Avestruz
Parrot	Papagaio
Peacock	Pavão
Pelican	Pelicano
Penguin	Pinguim
Sparrow	Pardal
Stork	Cegonha
Swan	Cisne
Toucan	Tucano

Boats
Barcos

Anchor	Âncora
Buoy	Bóia
Canoe	Canoa
Crew	Tripulação
Dock	Doca
Engine	Motor
Ferry	Balsa
Kayak	Caiaque
Lake	Lago
Lifeboat	Bote
Mast	Mastro
Nautical	Náutico
Ocean	Oceano
Raft	Jangada
River	Rio
Rope	Corda
Sailboat	Veleiro
Sailor	Marinheiro
Sea	Mar
Yacht	Iate

Books
Livros

Adventure	Aventura
Author	Autor
Collection	Coleção
Context	Contexto
Duality	Dualidade
Epic	Épico
Historical	Histórico
Humorous	Humorado
Inventive	Inventivo
Literary	Literário
Narrator	Narrador
Novel	Romance
Page	Página
Poem	Poema
Poetry	Poesia
Reader	Leitor
Relevant	Relevante
Story	História
Tragic	Trágico
Written	Escrito

Buildings
Edifícios

Apartment	Apartamento
Barn	Celeiro
Cabin	Cabine
Castle	Castelo
Cinema	Cinema
Embassy	Embaixada
Factory	Fábrica
Hospital	Hospital
Hostel	Albergue
Hotel	Hotel
Laboratory	Laboratório
Museum	Museu
Observatory	Observatório
School	Escola
Stadium	Estádio
Supermarket	Supermercado
Tent	Tenda
Theater	Teatro
Tower	Torre
University	Universidade

Business
Negócios

Budget	Orçamento
Career	Carreira
Company	Empresa
Cost	Custo
Currency	Moeda
Discount	Desconto
Economics	Economia
Employee	Empregado
Employer	Empregador
Factory	Fábrica
Finance	Finança
Income	Rendimento
Investment	Investimento
Manager	Gerente
Merchandise	Mercadoria
Money	Dinheiro
Office	Escritório
Sale	Venda
Shop	Loja
Taxes	Impostos

Camping
Acampamento

Adventure	Aventura
Animals	Animais
Cabin	Cabine
Canoe	Canoa
Compass	Bússola
Equipment	Equipamento
Fire	Fogo
Forest	Floresta
Hammock	Maca
Hat	Chapéu
Hunting	Caça
Insect	Inseto
Lake	Lago
Map	Mapa
Moon	Lua
Mountain	Montanha
Nature	Natureza
Rope	Corda
Tent	Tenda
Trees	Árvores

Chemistry
Química

Acid	Ácido
Alkaline	Alcalino
Atomic	Atómico
Carbon	Carbono
Catalyst	Catalisador
Chlorine	Cloro
Electron	Elétron
Enzyme	Enzima
Gas	Gás
Heat	Calor
Hydrogen	Hidrogênio
Ion	Íon
Liquid	Líquido
Molecule	Molécula
Nuclear	Nuclear
Organic	Orgânico
Oxygen	Oxigénio
Salt	Sal
Temperature	Temperatura
Weight	Peso

Chocolate
Chocolate

Antioxidant	Antioxidante
Aroma	Aroma
Artisanal	Artesanal
Bitter	Amargo
Cacao	Cacau
Calories	Calorias
Caramel	Caramelo
Coconut	Coco
Delicious	Delicioso
Exotic	Exótico
Favorite	Favorito
Flavor	Sabor
Ingredient	Ingrediente
Peanuts	Amendoins
Quality	Qualidade
Recipe	Receita
Sugar	Açúcar
Sweet	Doce
Taste	Gosto
To Eat	Comer

Clothes
Roupas

Apron	Avental
Belt	Cinto
Blouse	Blusa
Bracelet	Pulseira
Coat	Casaco
Dress	Vestido
Fashion	Moda
Gloves	Luvas
Hat	Chapéu
Jacket	Jaqueta
Jeans	Jeans
Necklace	Colar
Pajamas	Pijama
Pants	Calça
Sandals	Sandálias
Scarf	Lenço
Shirt	Camisa
Shoe	Sapato
Skirt	Saia
Sweater	Suéter

Countries #1
Países #1

Brazil	Brasil
Canada	Canadá
Egypt	Egito
Finland	Finlândia
Germany	Alemanha
Iraq	Iraque
Israel	Israel
Italy	Itália
Latvia	Letônia
Libya	Líbia
Morocco	Marrocos
Nicaragua	Nicarágua
Norway	Noruega
Panama	Panamá
Poland	Polônia
Romania	Romênia
Senegal	Senegal
Spain	Espanha
Venezuela	Venezuela
Vietnam	Vietnã

Countries #2
Países #2

Albania	Albânia
Denmark	Dinamarca
Ethiopia	Etiópia
Greece	Grécia
Haiti	Haiti
Jamaica	Jamaica
Japan	Japão
Laos	Laos
Lebanon	Líbano
Liberia	Libéria
Mexico	México
Nepal	Nepal
Nigeria	Nigéria
Pakistan	Paquistão
Russia	Rússia
Somalia	Somália
Sudan	Sudão
Syria	Síria
Uganda	Uganda
Ukraine	Ucrânia

Creativity
Criatividade

Artistic	Artístico
Authenticity	Autenticidade
Clarity	Clareza
Dramatic	Dramático
Emotions	Emoções
Expression	Expressão
Feelings	Sentimentos
Fluidity	Fluidez
Image	Imagem
Imagination	Imaginação
Impression	Impressão
Inspiration	Inspiração
Intensity	Intensidade
Intuition	Intuição
Inventive	Inventivo
Sensation	Sensação
Skill	Habilidade
Spontaneous	Espontânea
Visions	Visões
Vitality	Vitalidade

Dance
Dança

Academy	Academia
Art	Arte
Body	Corpo
Choreography	Coreografia
Classical	Clássico
Cultural	Cultural
Culture	Cultura
Emotion	Emoção
Expressive	Expressivo
Grace	Graça
Joyful	Alegre
Jump	Saltar
Movement	Movimento
Music	Música
Partner	Parceiro
Posture	Postura
Rehearsal	Ensaio
Rhythm	Ritmo
Traditional	Tradicional
Visual	Visual

Days and Months
Dias e Meses

April	Abril
August	Agosto
Calendar	Calendário
February	Fevereiro
Friday	Sexta-Feira
January	Janeiro
July	Julho
March	Março
Monday	Segunda-Feira
Month	Mês
November	Novembro
October	Outubro
Saturday	Sábado
September	Setembro
Sunday	Domingo
Thursday	Quinta-Feira
Tuesday	Terça
Wednesday	Quarta-Feira
Week	Semana
Year	Ano

Diplomacy
Diplomacia

Adviser	Consultor
Ambassador	Embaixador
Citizens	Cidadãos
Civic	Cívico
Community	Comunidade
Conflict	Conflito
Cooperation	Cooperação
Diplomatic	Diplomático
Discussion	Discussão
Embassy	Embaixada
Ethics	Ética
Government	Governo
Humanitarian	Humanitário
Integrity	Integridade
Justice	Justiça
Politics	Política
Resolution	Resolução
Security	Segurança
Solution	Solução
Treaty	Tratado

Disease
Doença

Abdominal	Abdominal
Allergies	Alergias
Bacterial	Bacteriano
Body	Corpo
Bones	Ossos
Chronic	Crônica
Contagious	Contagioso
Genetic	Genético
Health	Saúde
Heart	Coração
Hereditary	Hereditário
Immunity	Imunidade
Inflammation	Inflamação
Lumbar	Lombar
Neuropathy	Neuropatia
Pathogens	Patógenos
Respiratory	Respiratório
Syndrome	Síndrome
Therapy	Terapia
Weak	Fraco

Driving
Dirigindo

Accident	Acidente
Brakes	Freios
Car	Carro
Danger	Perigo
Driver	Motorista
Fuel	Combustível
Garage	Garagem
Gas	Gás
License	Licença
Map	Mapa
Motor	Motor
Motorcycle	Motocicleta
Pedestrian	Pedestre
Police	Polícia
Road	Estrada
Safety	Segurança
Speed	Rapidez
Traffic	Tráfego
Truck	Caminhão
Tunnel	Túnel

Ecology
Ecologia

Climate	Clima
Communities	Comunidades
Diversity	Diversidade
Drought	Seca
Fauna	Fauna
Flora	Flora
Global	Global
Habitat	Habitat
Marine	Marinho
Marsh	Pântano
Mountains	Montanhas
Natural	Natural
Nature	Natureza
Plants	Plantas
Resources	Recursos
Species	Espécies
Survival	Sobrevivência
Sustainable	Sustentável
Vegetation	Vegetação
Volunteers	Voluntários

Energy
Energia

Battery	Bateria
Carbon	Carbono
Diesel	Diesel
Electric	Elétrico
Electron	Elétron
Entropy	Entropia
Environment	Ambiente
Fuel	Combustível
Gasoline	Gasolina
Heat	Calor
Hydrogen	Hidrogênio
Industry	Indústria
Motor	Motor
Nuclear	Nuclear
Photon	Fóton
Pollution	Poluição
Renewable	Renovável
Steam	Vapor
Turbine	Turbina
Wind	Vento

Engineering
Engenharia

Angle	Ângulo
Axis	Eixo
Calculation	Cálculo
Construction	Construção
Depth	Profundidade
Diagram	Diagrama
Diameter	Diâmetro
Diesel	Diesel
Distribution	Distribuição
Energy	Energia
Gears	Engrenagens
Levers	Alavancas
Liquid	Líquido
Machine	Máquina
Measurement	Medição
Motor	Motor
Propulsion	Propulsão
Stability	Estabilidade
Strength	Força
Structure	Estrutura

Ethics
Ética

Altruism	Altruísmo
Benevolent	Benevolente
Compassion	Compaixão
Cooperation	Cooperação
Dignity	Dignidade
Diplomatic	Diplomático
Honesty	Honestidade
Humanity	Humanidade
Integrity	Integridade
Kindness	Bondade
Optimism	Otimismo
Patience	Paciência
Philosophy	Filosofia
Rationality	Racionalidade
Realism	Realismo
Reasonable	Razoável
Respectful	Respeitoso
Tolerance	Tolerância
Values	Valores
Wisdom	Sabedoria

Family
Família

Ancestor	Antepassado
Aunt	Tia
Brother	Irmão
Child	Criança
Childhood	Infância
Children	Crianças
Cousin	Primo
Daughter	Filha
Father	Pai
Grandfather	Avô
Grandson	Neto
Husband	Marido
Maternal	Materno
Mother	Mãe
Nephew	Sobrinho
Niece	Sobrinha
Paternal	Paterno
Sister	Irmã
Uncle	Tio
Wife	Esposa

Farm #1
Fazenda #1

Agriculture	Agricultura
Bee	Abelha
Bison	Bisão
Calf	Bezerro
Cat	Gato
Chicken	Frango
Cow	Vaca
Crow	Corvo
Dog	Cão
Donkey	Burro
Fence	Cerca
Fertilizer	Fertilizante
Field	Campo
Goat	Cabra
Hay	Feno
Honey	Mel
Horse	Cavalo
Rice	Arroz
Seeds	Sementes
Water	Água

Farm #2
Fazenda #2

Animals	Animais
Barley	Cevada
Barn	Celeiro
Beehive	Colmeia
Corn	Milho
Duck	Pato
Farmer	Agricultor
Fruit	Fruta
Irrigation	Irrigação
Lamb	Cordeiro
Llama	Lhama
Meadow	Prado
Milk	Leite
Orchard	Pomar
Ripe	Maduro
Sheep	Ovelha
Shepherd	Pastor
Tractor	Trator
Vegetable	Vegetal
Wheat	Trigo

Fashion
Moda

Affordable	Acessível
Boutique	Boutique
Buttons	Botões
Clothing	Roupa
Comfortable	Confortável
Elegant	Elegante
Embroidery	Bordado
Expensive	Caro
Fabric	Tecido
Lace	Renda
Measurements	Medidas
Minimalist	Minimalista
Modern	Moderno
Modest	Modesto
Original	Original
Practical	Prático
Simple	Simples
Style	Estilo
Texture	Textura
Trend	Tendência

Flowers
Flores

Bouquet	Buquê
Calendula	Calêndula
Clover	Trevo
Daffodil	Narciso
Daisy	Margarida
Dandelion	Dente-De-Leão
Gardenia	Gardênia
Hibiscus	Hibisco
Jasmine	Jasmim
Lavender	Lavanda
Lilac	Lilás
Lily	Lírio
Magnolia	Magnólia
Orchid	Orquídea
Peony	Peônia
Petal	Pétala
Plumeria	Plumeria
Poppy	Papoula
Sunflower	Girassol
Tulip	Tulipa

Food #1
Comida #1

Apricot	Damasco
Barley	Cevada
Basil	Manjericão
Carrot	Cenoura
Cinnamon	Canela
Garlic	Alho
Juice	Suco
Lemon	Limão
Milk	Leite
Onion	Cebola
Peanut	Amendoim
Pear	Pera
Salad	Salada
Salt	Sal
Soup	Sopa
Spinach	Espinafre
Strawberry	Morango
Sugar	Açúcar
Tuna	Atum
Turnip	Nabo

Food #2
Comida # 2

Apple	Maçã
Artichoke	Alcachofra
Banana	Banana
Broccoli	Brócolis
Celery	Aipo
Cheese	Queijo
Cherry	Cereja
Chicken	Frango
Chocolate	Chocolate
Egg	Ovo
Eggplant	Beringela
Fish	Peixe
Grape	Uva
Ham	Presunto
Kiwi	Kiwi
Mushroom	Cogumelo
Rice	Arroz
Tomato	Tomate
Wheat	Trigo
Yogurt	Iogurte

Force and Gravity
Força e Gravidade

Axis	Eixo
Center	Centro
Discovery	Descoberta
Distance	Distância
Dynamic	Dinâmico
Expansion	Expansão
Friction	Atrito
Impact	Impacto
Magnetism	Magnetismo
Magnitude	Magnitude
Mechanics	Mecânica
Motion	Movimento
Orbit	Órbita
Physics	Física
Pressure	Pressão
Properties	Propriedades
Speed	Rapidez
Time	Tempo
Universal	Universal
Weight	Peso

Fruit
Frutas

Apple	Maçã
Apricot	Damasco
Avocado	Abacate
Banana	Banana
Berry	Baga
Cherry	Cereja
Coconut	Coco
Fig	Figo
Grape	Uva
Guava	Goiaba
Kiwi	Kiwi
Lemon	Limão
Mango	Manga
Melon	Melão
Nectarine	Nectarina
Papaya	Mamão
Peach	Pêssego
Pear	Pera
Pineapple	Abacaxi
Raspberry	Framboesa

Garden
Jardim

Bench	Banco
Bush	Arbusto
Fence	Cerca
Flower	Flor
Garage	Garagem
Garden	Jardim
Grass	Grama
Hammock	Maca
Hose	Mangueira
Lawn	Gramado
Orchard	Pomar
Pond	Lagoa
Porch	Varanda
Rake	Ancinho
Shovel	Pá
Soil	Solo
Terrace	Terraço
Trampoline	Trampolim
Tree	Árvore
Vine	Videira

Gardening
Jardinagem

Blossom	Flor
Botanical	Botânico
Bouquet	Buquê
Climate	Clima
Compost	Composto
Container	Recipiente
Dirt	Sujeira
Edible	Comestível
Exotic	Exótico
Floral	Floral
Foliage	Folhagem
Hose	Mangueira
Leaf	Folha
Moisture	Umidade
Orchard	Pomar
Seasonal	Sazonal
Seeds	Sementes
Soil	Solo
Species	Espécies
Water	Água

Geography
Geografia

Altitude	Altitude
Atlas	Atlas
City	Cidade
Continent	Continente
Country	País
Hemisphere	Hemisfério
Island	Ilha
Latitude	Latitude
Map	Mapa
Meridian	Meridiano
Mountain	Montanha
North	Norte
Ocean	Oceano
Region	Região
River	Rio
Sea	Mar
South	Sul
Territory	Território
West	Oeste
World	Mundo

Geology
Geologia

Acid	Ácido
Calcium	Cálcio
Cavern	Caverna
Continent	Continente
Coral	Coral
Crystals	Cristais
Cycles	Ciclos
Earthquake	Terremoto
Erosion	Erosão
Fossil	Fóssil
Geyser	Geyser
Lava	Lava
Layer	Camada
Minerals	Minerais
Plateau	Platô
Quartz	Quartzo
Salt	Sal
Stalactite	Estalactite
Stone	Pedra
Volcano	Vulcão

Geometry
Geometria

Angle	Ângulo
Calculation	Cálculo
Circle	Círculo
Curve	Curva
Diameter	Diâmetro
Dimension	Dimensão
Equation	Equação
Height	Altura
Horizontal	Horizontal
Logic	Lógica
Mass	Massa
Median	Mediana
Number	Número
Parallel	Paralelo
Proportion	Proporção
Segment	Segmento
Surface	Superfície
Symmetry	Simetria
Theory	Teoria
Triangle	Triângulo

Global Warming
Aquecimento Global

Arctic	Ártico
Attention	Atenção
Climate	Clima
Consequences	Consequências
Crisis	Crise
Data	Dados
Energy	Energia
Environmental	Ambiental
Future	Futuro
Gas	Gás
Generations	Gerações
Government	Governo
Habitats	Habitats
Industry	Indústria
International	Internacional
Legislation	Legislação
Now	Agora
Populations	Populações
Scientist	Cientista
Temperatures	Temperaturas

Government
Governo

Citizenship	Cidadania
Civil	Civil
Constitution	Constituição
Democracy	Democracia
Discussion	Discussão
Dissent	Dissidência
Equality	Igualdade
Independence	Independência
Judicial	Judicial
Justice	Justiça
Law	Lei
Leader	Líder
Liberty	Liberdade
Monument	Monumento
Nation	Nação
Peaceful	Pacífico
Politics	Política
Speech	Discurso
State	Estado
Symbol	Símbolo

Hair Types

Tipos de Cabelo

Bald	Careca
Black	Preto
Blond	Loiro
Braided	Trançado
Braids	Tranças
Brown	Marrom
Colored	Colori
Curls	Cachos
Curly	Encaracolado
Dry	Seco
Gray	Cinza
Healthy	Saudável
Long	Longo
Shiny	Brilhante
Short	Curto
Soft	Suave
Thick	Grosso
Thin	Fino
Wavy	Ondulado
White	Branco

Health and Wellness #1

Saúde e Bem-Estar #1

Active	Ativo
Bacteria	Bactérias
Bones	Ossos
Clinic	Clínica
Doctor	Doutor
Fracture	Fratura
Habit	Hábito
Height	Altura
Hormones	Hormones
Hunger	Fome
Medicine	Medicina
Muscles	Músculos
Nerves	Nervos
Pharmacy	Farmácia
Reflex	Reflexo
Relaxation	Relaxamento
Skin	Pele
Therapy	Terapia
Treatment	Tratamento
Virus	Vírus

Health and Wellness #2

Saúde e Bem-Estar #2

Allergy	Alergia
Anatomy	Anatomia
Appetite	Apetite
Blood	Sangue
Calorie	Caloria
Dehydration	Desidratação
Diet	Dieta
Disease	Doença
Energy	Energia
Genetics	Genética
Healthy	Saudável
Hospital	Hospital
Hygiene	Higiene
Infection	Infecção
Massage	Massagem
Nutrition	Nutrição
Recovery	Recuperação
Stress	Estresse
Vitamin	Vitamina
Weight	Peso

Herbalism

Herbalismo

Aromatic	Aromático
Basil	Manjericão
Beneficial	Benéfico
Culinary	Culinário
Fennel	Funcho
Flavor	Sabor
Flower	Flor
Garden	Jardim
Garlic	Alho
Green	Verde
Ingredient	Ingrediente
Lavender	Lavanda
Marjoram	Manjerona
Mint	Menta
Oregano	Orégano
Parsley	Salsa
Plant	Planta
Rosemary	Alecrim
Saffron	Açafrão
Tarragon	Estragão

Hiking

Caminhada

Animals	Animais
Boots	Botas
Camping	Acampamento
Cliff	Penhasco
Climate	Clima
Guides	Guias
Hazards	Perigos
Heavy	Pesado
Map	Mapa
Mountain	Montanha
Nature	Natureza
Orientation	Orientação
Parks	Parques
Preparation	Preparação
Stones	Pedras
Summit	Cume
Sun	Sol
Tired	Cansado
Water	Água
Wild	Selvagem

House

Casa

Attic	Sótão
Basement	Porão
Broom	Vassoura
Curtains	Cortinas
Door	Porta
Fence	Cerca
Fireplace	Lareira
Floor	Piso
Furniture	Mobiliário
Garage	Garagem
Garden	Jardim
Keys	Chaves
Kitchen	Cozinha
Library	Biblioteca
Mirror	Espelho
Roof	Telhado
Room	Quarto
Shower	Chuveiro
Wall	Parede
Window	Janela

Human Body
Corpo Humano

Ankle	Tornozelo
Blood	Sangue
Bones	Ossos
Brain	Cérebro
Chin	Queixo
Ear	Orelha
Elbow	Cotovelo
Face	Rosto
Finger	Dedo
Hand	Mão
Head	Cabeça
Heart	Coração
Jaw	Mandíbula
Knee	Joelho
Leg	Perna
Mouth	Boca
Neck	Pescoço
Nose	Nariz
Shoulder	Ombro
Skin	Pele

Immigration
Imigração

Administration	Administração
Adults	Adultos
Aid	Ajuda
Approval	Aprovação
Borders	Fronteiras
Children	Crianças
Communication	Comunicação
Deadline	Prazo
Documents	Documentos
Funding	Financiamento
Housing	Habitação
Language	Língua
Law	Lei
Negotiation	Negociação
Officer	Oficial
Process	Processo
Protection	Proteção
Situation	Situação
Solution	Solução
Stress	Estresse

Jazz
Jazz

Album	Álbum
Applause	Aplauso
Artist	Artista
Composer	Compositor
Composition	Composição
Concert	Concerto
Drums	Bateria
Emphasis	Ênfase
Famous	Famoso
Favorites	Favoritos
Improvisation	Improvisação
Music	Música
New	Novo
Old	Velho
Orchestra	Orquestra
Rhythm	Ritmo
Song	Canção
Style	Estilo
Talent	Talento
Technique	Técnica

Kitchen
Cozinha

Apron	Avental
Bowl	Tigela
Chopsticks	Pauzinhos
Cups	Cups
Forks	Garfos
Freezer	Freezer
Grill	Grelha
Jar	Jar
Jug	Jarro
Kettle	Chaleira
Knives	Facas
Ladle	Concha
Napkin	Guardanapo
Oven	Forno
Recipe	Receita
Refrigerator	Geladeira
Spices	Especiarias
Sponge	Esponja
Spoons	Colheres
To Eat	Comer

Landscapes
Paisagens

Beach	Praia
Cave	Caverna
Desert	Deserto
Geyser	Geyser
Glacier	Geleira
Hill	Colina
Iceberg	Iceberg
Island	Ilha
Lake	Lago
Mountain	Montanha
Oasis	Oásis
Ocean	Oceano
Peninsula	Península
River	Rio
Sea	Mar
Swamp	Pântano
Tundra	Tundra
Valley	Vale
Volcano	Vulcão
Waterfall	Cascata

Literature
Literatura

Analogy	Analogia
Analysis	Análise
Anecdote	Anedota
Author	Autor
Biography	Biografia
Comparison	Comparação
Conclusion	Conclusão
Description	Descrição
Dialogue	Diálogo
Fiction	Ficção
Metaphor	Metáfora
Narrator	Narrador
Novel	Romance
Poem	Poema
Poetic	Poético
Rhyme	Rima
Rhythm	Ritmo
Style	Estilo
Theme	Tema
Tragedy	Tragédia

Mammals
Mamíferos

Bear	Urso
Beaver	Castor
Bull	Touro
Cat	Gato
Coyote	Coiote
Dog	Cão
Dolphin	Golfinho
Elephant	Elefante
Fox	Raposa
Giraffe	Girafa
Gorilla	Gorila
Horse	Cavalo
Kangaroo	Canguru
Lion	Leão
Monkey	Macaco
Rabbit	Coelho
Sheep	Ovelha
Whale	Baleia
Wolf	Lobo
Zebra	Zebra

Math
Matemática

Angles	Ângulos
Arithmetic	Aritmética
Decimal	Decimal
Diameter	Diâmetro
Division	Divisão
Equation	Equação
Exponent	Expoente
Fraction	Fração
Geometry	Geometria
Numbers	Números
Parallel	Paralelo
Parallelogram	Paralelogramo
Perimeter	Perímetro
Polygon	Polígono
Radius	Raio
Rectangle	Retângulo
Square	Quadrado
Symmetry	Simetria
Triangle	Triângulo
Volume	Volume

Measurements
Medições

Byte	Byte
Centimeter	Centímetro
Decimal	Decimal
Degree	Grau
Depth	Profundidade
Gram	Grama
Height	Altura
Inch	Polegada
Kilogram	Quilograma
Kilometer	Quilômetro
Length	Comprimento
Liter	Litro
Mass	Massa
Meter	Metro
Minute	Minuto
Ounce	Onça
Ton	Tonelada
Volume	Volume
Weight	Peso
Width	Largura

Meditation
Meditação

Acceptance	Aceitação
Awake	Acordado
Breathing	Respirando
Calm	Calmo
Clarity	Clareza
Compassion	Compaixão
Emotions	Emoções
Gratitude	Gratidão
Habits	Hábitos
Kindness	Bondade
Mental	Mental
Mind	Mente
Movement	Movimento
Music	Música
Nature	Natureza
Peace	Paz
Perspective	Perspectiva
Silence	Silêncio
Thoughts	Pensamentos
To Learn	Aprender

Music
Música

Album	Álbum
Ballad	Balada
Chorus	Coro
Classical	Clássico
Eclectic	Eclético
Harmonic	Harmônico
Harmony	Harmonia
Lyrical	Lírico
Melody	Melodia
Microphone	Microfone
Musical	Musical
Musician	Músico
Opera	Ópera
Poetic	Poético
Recording	Gravação
Rhythm	Ritmo
Rhythmic	Rítmico
Sing	Cantar
Singer	Cantor
Vocal	Vocal

Musical Instruments
Instrumentos Musicais

Banjo	Banjo
Bassoon	Fagote
Cello	Violoncelo
Clarinet	Clarinete
Drum	Tambor
Drumsticks	Baquetas
Flute	Flauta
Gong	Gongo
Guitar	Violão
Harp	Harpa
Mandolin	Bandolim
Marimba	Marimba
Oboe	Oboé
Percussion	Percussão
Piano	Piano
Saxophone	Saxofone
Tambourine	Pandeiro
Trombone	Trombone
Trumpet	Trompete
Violin	Violino

Mythology
Mitologia

Archetype	Arquétipo
Behavior	Comportamento
Beliefs	Crenças
Creation	Criação
Creature	Criatura
Culture	Cultura
Disaster	Desastre
Heaven	Céu
Hero	Herói
Immortality	Imortalidade
Jealousy	Ciúmes
Labyrinth	Labirinto
Legend	Lenda
Lightning	Relâmpago
Monster	Monstro
Mortal	Mortal
Revenge	Vingança
Strength	Força
Thunder	Trovão
Warrior	Guerreiro

Nature
Natureza

Animals	Animais
Arctic	Ártico
Beauty	Beleza
Bees	Abelhas
Clouds	Nuvens
Desert	Deserto
Dynamic	Dinâmico
Erosion	Erosão
Fog	Nevoeiro
Foliage	Folhagem
Forest	Floresta
Glacier	Geleira
Mountains	Montanhas
Peaceful	Pacífico
River	Rio
Sanctuary	Santuário
Serene	Sereno
Tropical	Tropical
Vital	Vital
Wild	Selvagem

Numbers
Números

Decimal	Decimal
Eight	Oito
Eighteen	Dezoito
Fifteen	Quinze
Five	Cinco
Four	Quatro
Fourteen	Quatorze
Nine	Nove
Nineteen	Dezenove
One	Um
Seven	Sete
Seventeen	Dezessete
Six	Seis
Sixteen	Dezesseis
Ten	Dez
Thirteen	Treze
Three	Três
Twelve	Doze
Twenty	Vinte
Two	Dois

Nutrition
Nutrição

Appetite	Apetite
Balanced	Equilibrado
Bitter	Amargo
Calories	Calorias
Carbohydrates	Carboidratos
Diet	Dieta
Digestion	Digestão
Edible	Comestível
Fermentation	Fermentação
Flavor	Sabor
Habits	Hábitos
Health	Saúde
Healthy	Saudável
Nutrient	Nutriente
Proteins	Proteínas
Quality	Qualidade
Sauce	Molho
Toxin	Toxina
Vitamin	Vitamina
Weight	Peso

Ocean
Oceano

Algae	Alga
Coral	Coral
Crab	Caranguejo
Dolphin	Golfinho
Eel	Enguia
Fish	Peixe
Jellyfish	Medusa
Octopus	Polvo
Oyster	Ostra
Reef	Recife
Salt	Sal
Shark	Tubarão
Shrimp	Camarão
Sponge	Esponja
Storm	Tempestade
Tides	Marés
Tuna	Atum
Turtle	Tartaruga
Waves	Ondas
Whale	Baleia

Philanthropy
Filantropia

Challenges	Desafios
Charity	Caridade
Children	Crianças
Community	Comunidade
Contacts	Contatos
Donate	Doar
Finance	Finança
Funds	Fundos
Generosity	Generosidade
Goals	Objetivos
Groups	Grupos
History	História
Honesty	Honestidade
Humanity	Humanidade
Mission	Missão
Need	Necessidade
People	Pessoas
Programs	Programas
Public	Público
Youth	Juventude

Physics
Física

Acceleration	Aceleração
Atom	Átomo
Chaos	Caos
Chemical	Químico
Density	Densidade
Electron	Elétron
Engine	Motor
Formula	Fórmula
Frequency	Frequência
Gas	Gás
Magnetism	Magnetismo
Mass	Massa
Mechanics	Mecânica
Molecule	Molécula
Nuclear	Nuclear
Particle	Partícula
Relativity	Relatividade
Speed	Rapidez
Universal	Universal
Velocity	Velocidade

Plants
Plantas

Bamboo	Bambu
Bean	Feijão
Berry	Baga
Botany	Botânica
Bush	Arbusto
Cactus	Cacto
Fertilizer	Fertilizante
Flora	Flora
Flower	Flor
Foliage	Folhagem
Forest	Floresta
Garden	Jardim
Grass	Grama
Ivy	Hera
Moss	Musgo
Petal	Pétala
Root	Raiz
Stem	Caule
Tree	Árvore
Vegetation	Vegetação

Professions #1
Profissões #1

Ambassador	Embaixador
Astronomer	Astrônomo
Attorney	Advogado
Banker	Banqueiro
Cartographer	Cartógrafo
Coach	Treinador
Dancer	Dançarino
Doctor	Doutor
Editor	Editor
Geologist	Geólogo
Hunter	Caçador
Jeweler	Joalheiro
Musician	Músico
Nurse	Enfermeira
Pianist	Pianista
Plumber	Encanador
Psychologist	Psicólogo
Sailor	Marinheiro
Tailor	Alfaiate
Veterinarian	Veterinário

Professions #2
Profissões #2

Astronaut	Astronauta
Biologist	Biólogo
Dentist	Dentista
Detective	Detetive
Engineer	Engenheiro
Farmer	Agricultor
Gardener	Jardineiro
Illustrator	Ilustrador
Inventor	Inventor
Journalist	Jornalista
Librarian	Bibliotecário
Linguist	Linguista
Painter	Pintor
Philosopher	Filósofo
Photographer	Fotógrafo
Physician	Médico
Pilot	Piloto
Surgeon	Cirurgião
Teacher	Professor
Zoologist	Zoólogo

Psychology
Psicologia

Appointment	Compromisso
Assessment	Avaliação
Behavior	Comportamento
Childhood	Infância
Clinical	Clínico
Cognition	Cognição
Conflict	Conflito
Dreams	Sonhos
Ego	Ego
Emotions	Emoções
Experiences	Experiências
Perception	Percepção
Personality	Personalidade
Problem	Problema
Reality	Realidade
Sensation	Sensação
Subconscious	Subconsciente
Therapy	Terapia
Thoughts	Pensamentos
Unconscious	Inconsciente

Rainforest
Floresta Tropical

Amphibians	Anfíbios
Birds	Pássaros
Botanical	Botânico
Climate	Clima
Clouds	Nuvens
Community	Comunidade
Diversity	Diversidade
Indigenous	Indígena
Insects	Insetos
Jungle	Selva
Mammals	Mamíferos
Moss	Musgo
Nature	Natureza
Preservation	Preservação
Refuge	Refúgio
Respect	Respeito
Restoration	Restauração
Species	Espécies
Survival	Sobrevivência
Valuable	Valioso

Restaurant #2
Restaurante # 2

Beverage	Bebida
Cake	Bolo
Chair	Cadeira
Delicious	Delicioso
Dinner	Jantar
Eggs	Ovo
Fish	Peixe
Fork	Garfo
Fruit	Fruta
Ice	Gelo
Lunch	Almoço
Noodles	Macarrão
Salad	Salada
Salt	Sal
Soup	Sopa
Spices	Especiarias
Spoon	Colher
Vegetables	Legumes
Waiter	Garçom
Water	Água

Science
Ciência

Atom	Átomo
Chemical	Químico
Climate	Clima
Data	Dados
Evolution	Evolução
Experiment	Experiência
Fact	Fato
Fossil	Fóssil
Gravity	Gravidade
Hypothesis	Hipótese
Laboratory	Laboratório
Method	Método
Minerals	Minerais
Molecules	Moléculas
Nature	Natureza
Organism	Organismo
Particles	Partículas
Physics	Física
Plants	Plantas
Scientist	Cientista

Science Fiction
Ficção Científica

Atomic	Atómico
Books	Livros
Cinema	Cinema
Clones	Clones
Dystopia	Distopia
Explosion	Explosão
Extreme	Extremo
Fantastic	Fantástico
Fire	Fogo
Futuristic	Futurista
Galaxy	Galáxia
Illusion	Ilusão
Imaginary	Imaginário
Mysterious	Misterioso
Oracle	Oráculo
Planet	Planeta
Robots	Robôs
Technology	Tecnologia
Utopia	Utopia
World	Mundo

Scientific Disciplines
Disciplinas Científicas

Anatomy	Anatomia
Archaeology	Arqueologia
Astronomy	Astronomia
Biochemistry	Bioquímica
Biology	Biologia
Botany	Botânica
Chemistry	Química
Ecology	Ecologia
Geology	Geologia
Immunology	Imunologia
Kinesiology	Cinesiologia
Linguistics	Linguística
Mechanics	Mecânica
Mineralogy	Mineralogia
Neurology	Neurologia
Physiology	Fisiologia
Psychology	Psicologia
Sociology	Sociologia
Thermodynamics	Termodinâmica
Zoology	Zoologia

Spices
Especiarias

Anise	Anis
Bitter	Amargo
Cardamom	Cardamomo
Cinnamon	Canela
Clove	Cravo
Coriander	Coentro
Cumin	Cominho
Curry	Caril
Fennel	Funcho
Fenugreek	Feno-Grego
Flavor	Sabor
Garlic	Alho
Ginger	Gengibre
Nutmeg	Noz-Moscada
Onion	Cebola
Paprika	Páprica
Saffron	Açafrão
Salt	Sal
Sweet	Doce
Vanilla	Baunilha

Sport
Esporte

Ability	Capacidade
Athlete	Atleta
Body	Corpo
Bones	Ossos
Coach	Treinador
Cycling	Ciclismo
Dancing	Dançando
Diet	Dieta
Endurance	Resistência
Goal	Objetivo
Health	Saúde
Jogging	Jogging
Maximize	Maximizar
Metabolic	Metabólico
Muscles	Músculos
Nutrition	Nutrição
Program	Programa
Sports	Esportes
Strength	Força
Stretching	Alongamento

The Company
A Empresa

Business	Negócio
Creative	Criativo
Decision	Decisão
Employment	Emprego
Global	Global
Industry	Indústria
Innovative	Inovador
Investment	Investimento
Possibility	Possibilidade
Presentation	Apresentação
Product	Produto
Professional	Profissional
Progress	Progresso
Quality	Qualidade
Reputation	Reputação
Resources	Recursos
Revenue	Receita
Risks	Riscos
Trends	Tendências
Units	Unidades

The Media
A Mídia

Attitudes	Atitudes
Commercial	Comercial
Communication	Comunicação
Digital	Digital
Edition	Edição
Education	Educação
Facts	Fatos
Funding	Financiamento
Images	Imagens
Individual	Individual
Industry	Indústria
Intellectual	Intelectual
Local	Local
Network	Rede
Newspapers	Jornais
Online	Online
Opinion	Opinião
Photos	Fotos
Public	Público
Radio	Rádio

Time
Tempo

Annual	Anual
Before	Antes
Calendar	Calendário
Century	Século
Clock	Relógio
Day	Dia
Decade	Década
Early	Cedo
Future	Futuro
Hour	Hora
Minute	Minuto
Month	Mês
Morning	Manhã
Night	Noite
Noon	Meio-Dia
Now	Agora
Soon	Em Breve
Today	Hoje
Week	Semana
Year	Ano

Town
Cidade

Airport	Aeroporto
Bakery	Padaria
Bank	Banco
Bookstore	Livraria
Cinema	Cinema
Clinic	Clínica
Florist	Florista
Gallery	Galeria
Hotel	Hotel
Library	Biblioteca
Market	Mercado
Museum	Museu
Pharmacy	Farmácia
Restaurant	Restaurante
School	Escola
Stadium	Estádio
Store	Loja
Supermarket	Supermercado
Theater	Teatro
University	Universidade

Universe
Universo

Asteroid	Asteróide
Astronomer	Astrônomo
Astronomy	Astronomia
Atmosphere	Atmosfera
Celestial	Celestial
Cosmic	Cósmico
Darkness	Trevas
Eon	Eon
Galaxy	Galáxia
Hemisphere	Hemisfério
Horizon	Horizonte
Latitude	Latitude
Moon	Lua
Orbit	Órbita
Sky	Céu
Solar	Solar
Solstice	Solstício
Telescope	Telescópio
Visible	Visível
Zodiac	Zodíaco

Vacation #2
Férias #2

Airport	Aeroporto
Beach	Praia
Camping	Acampamento
Destination	Destino
Foreigner	Estrangeiro
Holiday	Feriado
Hotel	Hotel
Island	Ilha
Journey	Viagem
Leisure	Lazer
Map	Mapa
Mountains	Montanhas
Passport	Passaporte
Reservations	Reservas
Restaurant	Restaurante
Sea	Mar
Taxi	Táxi
Tent	Tenda
Transportation	Transporte
Visa	Visto

Vegetables
Vegetais

Artichoke	Alcachofra
Broccoli	Brócolis
Carrot	Cenoura
Cauliflower	Couve-Flor
Celery	Aipo
Cucumber	Pepino
Eggplant	Beringela
Garlic	Alho
Ginger	Gengibre
Mushroom	Cogumelo
Onion	Cebola
Parsley	Salsa
Pea	Ervilha
Pumpkin	Abóbora
Radish	Rabanete
Salad	Salada
Shallot	Chalota
Spinach	Espinafre
Tomato	Tomate
Turnip	Nabo

Vehicles
Veículos

Airplane	Avião
Ambulance	Ambulância
Bicycle	Bicicleta
Boat	Barco
Bus	Ônibus
Car	Carro
Caravan	Caravana
Ferry	Balsa
Helicopter	Helicóptero
Motor	Motor
Raft	Jangada
Rocket	Foguete
Scooter	Lambreta
Shuttle	Transporte
Submarine	Submarino
Subway	Metrô
Taxi	Táxi
Tires	Pneus
Tractor	Trator
Truck	Caminhão

Visual Arts
Artes Visuais

Architecture	Arquitetura
Artist	Artista
Ceramics	Cerâmica
Chalk	Giz
Charcoal	Carvão
Clay	Argila
Composition	Composição
Creativity	Criatividade
Easel	Cavalete
Film	Filme
Masterpiece	Obra-Prima
Painting	Pintura
Pen	Caneta
Pencil	Lápis
Perspective	Perspectiva
Photograph	Fotografia
Portrait	Retrato
Sculpture	Escultura
Stencil	Estêncil
Wax	Cera

Weather
Clima

Atmosphere	Atmosfera
Breeze	Brisa
Climate	Clima
Cloud	Nuvem
Drought	Seca
Dry	Seco
Fog	Nevoeiro
Hurricane	Furacão
Ice	Gelo
Lightning	Relâmpago
Monsoon	Monção
Polar	Polar
Rainbow	Arco-Íris
Sky	Céu
Storm	Tempestade
Temperature	Temperatura
Thunder	Trovão
Tornado	Tornado
Tropical	Tropical
Wind	Vento

Congratulations

You made it!

We hope you enjoyed this book as much as we enjoyed making it. We do our best to make high quality games.
These puzzles are designed in a clever way for you to learn actively while having fun!

Did you love them?

A Simple Request

Our books exist thanks your reviews. Could you help us by leaving one now?

Here is a short link which will take you to your order review page:

BestBooksActivity.com/Review50

MONSTER CHALLENGE!

Challenge #1

Ready for Your Bonus Game? We use them all the time but they are not so easy to find. Here are **Synonyms**!

Note 5 words you discovered in each of the Puzzles noted below (#21, #36, #76) and try to find 2 synonyms for each word.

*Note 5 Words from **Puzzle 21***

Words	Synonym 1	Synonym 2

*Note 5 Words from **Puzzle 36***

Words	Synonym 1	Synonym 2

*Note 5 Words from **Puzzle 76***

Words	Synonym 1	Synonym 2

Challenge #2

Now that you are warmed-up, note 5 words you discovered in each Puzzle noted below (#9, #17, #25) and try to find 2 antonyms for each word. How many lines can you do in 20 minutes?

*Note 5 Words from **Puzzle 9***

Words	Antonym 1	Antonym 2

*Note 5 Words from **Puzzle 17***

Words	Antonym 1	Antonym 2

*Note 5 Words from **Puzzle 25***

Words	Antonym 1	Antonym 2

Challenge #3

Wonderful, this monster  challenge is nothing to you!

Ready for the last one? Choose your 10 favorite words discovered in any of the Puzzles and note them below.

1.	6.
2.	7.
3.	8.
4.	9.
5.	10.

Now, using these words and within a maximum of six sentences, your challenge is to compose a text about a person, animal or place that you love!

Tip: You can use the last blank page of this book as a draft!

Your Writing:

NOTEBOOK:

SEE YOU SOON!

Linguas Classics Team

www.ingramcontent.com/pod-product-compliance
Lightning Source LLC
LaVergne TN
LVHW060318080526
838202LV00053B/4366